本书受到工业和信息化部党的政治建设研究中心2023年度重点项目：新时代人工智能技术与高校思想政治教育的融合创新研究（GXZY2315）资助。

人工智能与人文书系

走进智能社会
基于唯物史观的考察

高斯扬 ◎ 著

光明日报出版社

图书在版编目（CIP）数据

走进智能社会：基于唯物史观的考察 / 高斯扬著．北京：光明日报出版社，2024.8. -- ISBN 978 - 7 - 5194 - 7666 - 3

Ⅰ．C916-39

中国国家版本馆 CIP 数据核字第 2024EV4673 号

走进智能社会：基于唯物史观的考察
ZOUJIN ZHINENG SHEHUI：JIYU WEIWU SHIGUAN DE KAOCHA

著　　者：高斯扬	
责任编辑：李　倩	责任校对：李壬杰　乔宇佳
封面设计：中联华文	责任印制：曹　净

出版发行：光明日报出版社
地　　址：北京市西城区永安路 106 号，100050
电　　话：010-63169890（咨询），010-63131930（邮购）
传　　真：010-63131930
网　　址：http://book.gmw.cn
E – mail：gmrbcbs@ gmw.cn
法律顾问：北京市兰台律师事务所龚柳方律师
印　　刷：三河市华东印刷有限公司
装　　订：三河市华东印刷有限公司

本书如有破损、缺页、装订错误，请与本社联系调换，电话：010-63131930

开　　本：170mm×240mm	
字　　数：142 千字	印　张：11
版　　次：2025 年 1 月第 1 版	印　次：2025 年 1 月第 1 次印刷
书　　号：ISBN 978 - 7 - 5194 - 7666 - 3	

定　　价：85.00 元

版权所有　　翻印必究

前　言

21世纪以来，随着人工智能技术的大规模应用，人类社会迈入智能社会阶段。智能社会的唯物史观概念出现在2010年之后。它指的是在美国、日本、中国等国家发生的，因为人工智能技术大规模运用而产生的社会。这一社会建立在工业社会基础上，是以第四次工业革命为标志的，通过智能产业化和产业智能化而产生的社会。科学认识智能社会需要诉诸唯物史观，尤其是社会基本矛盾理论。

与工业社会相比，智能社会在智能产业化和产业智能化过程中出现了数字劳动，数据成为生产要素，物理生产开始与数字生产相结合。在此基础上，数字平台成为新型经济组织、数据产品具有了使用价值和价值，智能经济形态出现。与此同时，智能社会场景不断涌现、智能技术成为社会治理手段，智能技术改变了人类认知的形式和内容。

然而，与工业社会相比，智能社会仍建立在工业社会的基础上。智能社会是以数据作为生产要素，数据被加工为信息和知识，通过脑力劳动工业化的形式，与机器大工业结合而形成的。适应于这种生产方式的经济形式是智能经济形态。智能经济形态以"数据驱动、人机协同、跨界融合、共创分享"为内容。但无论是数据生产要素，还是数字经济，都以市场作为资源配置的形式。这种形式，不仅需要政府的宏观调控，更需要与之相适应的经济制度。智能社会催生了科技向善的社会理

1

念。这种理念要求社会要设定与之相匹配的伦理规范和制度保障。

智能社会的发展动力仍旧来自社会基本矛盾。智能社会的社会基本矛盾表现为建立在智能社会生产方式上的社会化大生产同与之相适应的智能经济形态之间的矛盾。智能社会的社会化大生产要求新型生产资料在全社会内更加有序、高效地进行配置，而以"数据驱动、人机协同、跨界融合、共创分享"为内容的智能经济形态要求全社会占有这种生产资料并进行调节。二者之间的矛盾运动，产生了政治、文化领域以人民为中心的发展要求。但是在智能社会的现实发展中，存在数据与数据的资本化应用之间的矛盾、数字劳动者与数字资本家之间的矛盾、生产技术的智能化与劳动个体的去智能化之间的矛盾。解决这些矛盾，需要有针对性的社会治理。

作为一个人类社会发展新阶段，智能社会并未改变唯物史观的研究框架。为了准确理解智能社会的变革，我们必须明确其发展动力和障碍。从人全面自由发展的角度出发，科学地规划智能社会的未来。

目 录
CONTENTS

绪论 …………………………………………………………… 1

第一章　智能社会产生的唯物史观前提 ……………………… 17
　第一节　与智能社会相关的三个历史阶段 ………………… 17
　第二节　智能社会的概念 …………………………………… 32
　第三节　认识智能社会的唯物史观工具 …………………… 42

第二章　智能社会带来的变革 ………………………………… 52
　第一节　生产力方面 ………………………………………… 52
　第二节　生产关系方面的表现 ……………………………… 63
　第三节　经济基础和上层建筑方面的表现 ………………… 73

第三章　智能社会的基础 ……………………………………… 83
　第一节　基于机器大工业的生产方式 ……………………… 84
　第二节　基于现代市场经济的运行方式 …………………… 90
　第三节　科技向善的理念、伦理原则和制度保障 ………… 96

第四章　智能社会发展的动力 ………………………………… 103
　　第一节　智能社会的基本矛盾 …………………………… 103
　　第二节　智能社会的主要矛盾 …………………………… 110
　　第三节　智能社会矛盾的现实表现 ……………………… 119

第五章　智能社会的发展趋势 ………………………………… 126
　　第一节　智能社会与唯物史观的内在关联 ……………… 126
　　第二节　智能社会需要更好的社会治理 ………………… 133
　　第三节　科学把握智能社会发展趋势 …………………… 139

结语　守正创新智能社会的相关研究 ………………………… 146

参考文献 ………………………………………………………… 149

绪 论

一、选题的缘由和意义

21世纪以来,随着人工智能(Artificial Intelligence,AI)技术的大规模应用,人类社会迈入一个新的发展阶段,即智能社会(亦称人工智能社会,AI Society)。2015年习近平总书记对在北京召开的世界机器人大会致信,指出,"本次大会以'协同融合共赢,引领智能社会'为主题,体现了各国协同创新、多学科融合共赢的发展趋势,体现了全球科技界、产业界的共识"[1]。2019年习近平总书记在中共中央政治局第九次集体学习时再次指出:要"形成适应智能经济、智能社会需要的基础设施体系"[2]。习近平总书记对智能社会的肯定,推动了学界的研究。学者们围绕着智能社会的概念,智能社会与工业社会的区别,智能社会的基本结构、发展动力、运行机制等问题进行了广泛探讨。

马克思主义基本原理是以科学性和革命性为特征的理论。与时俱进、不断发展是马克思主义基本原理的内在生命力。面对智能社会这一新的时代命题,如何运用马克思主义基本原理,尤其是运用历史唯物主

---

[1] 习近平. 致2015世界机器人大会贺信[N]. 人民日报,2015-11-24(01).
[2] 习近平. 加强领导做好规划明确任务夯实基础 推动我国新一代人工智能健康发展[N]. 人民日报,2018-11-01(01)

义，定位智能社会的孕育、产生和发展，明确智能社会在人类社会发展历史中的地位和作用，是学界必须探讨并需要解决的问题。

本书以"走进智能社会：基于唯物史观的考察"为题，运用唯物史观的基本概念和理论，尤其是运用唯物史观的生产力—生产方式—生产关系相互作用原理、社会基本矛盾原理和人的发展三阶段理论，分析智能社会，既明确了习近平总书记指出的"我们依然处在马克思主义所指明的历史时代"①，又根据社会变化，守正创新了唯物史观的基本理论和相关研究。在这个意义上，本书的理论意义体现在以下三方面：

第一，本书助于推动马克思主义社会发展理论的创新发展。唯物史观是马克思主义理论的基本组成部分，具有科学性、实践性、发展性等基本特征。这些特征不仅驱使着马克思主义理论要紧跟时代问题，对时代发展的社会动力、机制做出解释，而且驱使着马克思主义理论要超越时代，对时代发展中社会的前进方向、发展道路做出前瞻性的判断。运用唯物史观探查智能社会，丰富马克思主义社会发展理论的时代内容、时代表现、时代发展，扩展马克思主义社会发展理论的研究内容，指导当下智能社会进程的具体方向，推动马克思主义社会发展理论创新性前进。

第二，本书有助于推动学术界对智能社会的内涵、特点、基础、动力机制的认识。从历史角度看，智能社会作为一种"正在发生"的社会进程，其发展还"在路上"②，本质还"远未显现"③。运用唯物史观的生产力—生产方式—生产关系相互作用原理、社会基本矛盾运动原理

---

① 习近平. 深刻认识马克思主义时代意义和现实意义 继续推进马克思主义中国化时代化大众化 [N]. 人民日报，2017-09-30（01）.
② 孙伟平. 智能社会：共产主义社会建设的基础和条件 [J]. 马克思主义研究，2021（01）：51.
③ 孙伟平. 智能社会：共产主义社会建设的基础和条件 [J]. 马克思主义研究，2021（01）：51.

和人的发展三阶段理论，探讨智能社会的发展历史、概念、特点、基础、动力和未来，不仅可以拓展唯物史观的研究范围，使其与当下真实发生的社会历史进程相结合，而且可以给予学界关于智能社会认知方向上的引导，让人们对智能社会的认识从"自在"走向"自为"，真正站在唯物史观的高度，科学把握这一社会的未来走势。

第三，本书有助于明确智能社会的唯物史观定位。有学者提出："智能社会的到来，为马克思恩格斯所构想的共产主义社会奠定了坚实的物质基础。"[1] 这坚实的基础是什么？智能社会与共产主义社会的关联按照什么样的形式出现？遵从哪些基本条件？这些问题都需要科学严谨的研究。有些学者主张，智能社会的发展会自动促进共产主义社会的到来。但也有学者坚持，智能社会只是一种技术社会形态，这种社会形态不会自动发展为共产主义社会，而需要强而有力的生产关系乃至社会的整体变革。澄清以上观点，一方面要回归唯物史观的基本理论，另一方面需要以科学、系统、整体的唯物史观理论进行研究。

本书的现实意义体现在以下两方面：第一，技术哲学领域的科林格里奇困境提示我们，智能社会的发展既需要整体规划，也需要现实层面不断校正、纠偏和调整的社会治理。整体规划和社会治理之间唯有良性互动，才能保证智能社会的有序发展。运用唯物史观研究智能社会的发展，一方面可以从宏观角度把握智能社会的总体特征，另一方面可以通过社会基本矛盾、社会主要矛盾的分析方法，找到制约智能社会发展的要素。这意味着，智能社会的唯物史观研究，可以从社会结构的层面，找到制约其发展的核心因素，同时可以在社会发展的动力层面，按照国家发展规划的方向，实现二者的良性互动，为智能社会发展的治理规划提供方向上的指导。

---

[1] 孙伟平. 智能社会：共产主义社会建设的基础和条件 [J]. 马克思主义研究，2021 (01)：51.

第二，有助于探明智能社会发展的负面效应。唯物史观认为，技术的社会影响具有二重性。一方面，技术发展能够推动社会进步；另一方面，由于人们对技术的认知不足或受技术所在社会制度的影响，技术会对人类社会的发展起负面作用。智能社会作为一种以新兴人工智能技术群为主导的社会发展阶段，如不明确其内涵、特点、基本构成，不明确其对社会生产关系的要求，必会在认识领域和行动选择上陷入歧途和困境。本书运用唯物史观考察智能社会将解决以上问题，将会从社会基本矛盾、社会主要矛盾方面提出规避智能技术对社会发展负面作用的有效指导。

二、国内外研究现状述评

国内学界对智能社会唯物史观定位问题的探讨起源于20世纪80年代。学者们就这一问题的探讨可以分为两个基本的阶段。

第一个阶段是20世纪80年代到2000年之前，学界在没有人工智能技术支撑的外部环境下，曾围绕智能社会的本质、特点和发展进行了前瞻性的探讨。由于当时的探讨没有现实对照物，出现了片面的认识，主要体现为学者把智能社会当成了一个独立的、具有唯物史观意义的社会形态。

中国社会科学院研究员童天湘是国内首位提出智能社会概念的学者。她在1989年发表的论文《未来社会应是智能社会》中指出，"智能社会"是经过高技术智能革命的社会。智能社会是一个独立的社会形态。智能社会的本质是高智力结构，这种结构主要体现为人的自然智力与机器的人工智力相互促进而形成智力人工进化与智力人工开发相结合的系统。这一思想引起了学界的广泛关注，钱学森先生称其为"又一次'文艺复兴'"①。童天湘研究员的观点影响了此后学界对于智能社会概念的基本判断。如黄旭敏教授认为，智能社会是一种具有现实可能性的未来社会形态。②中国科学技术协会尚勇研究员指出，智能社会是工业社会与信息社会深度融合而产生的新的经济社会发展形态。③农华西副教授认为，正如工业革命使资本主义社会得以确立，人工智能带来的产业革命和社会革命"将催生一个全新的社会形态"④。赵晓晖博士认为，智能社会"表现为不同于现存资本主义社会的新的社会形态"⑤。

由于社会形态在唯物史观中是一个具有规范性的重要概念，"是马克思主义对人类社会发展演变一般规律的概括和总结"⑥。在唯物史观当中，社会形态具体表现为原始社会、奴隶社会、封建社会、资本主义社会和共产主义社会"五形态"，以及人对人的依赖关系、人对物的依赖关系和人的全面自由发展三个阶段。从目前的发展来看，智能社会不是一个独立的社会形态，而是后工业社会阶段新出现的一种发展现象。

自2010年以来，学术界进入了对智能社会探讨的第二个重要阶段。这一时期随着人工智能技术的发展，尤其是在大数据、云计算、联邦学习、感知计算的大规模应用，智能社会研究的外部环境已经具备。面对智能社会的不断发展成熟，我国政府采取积极策略，主导建立了各级各类的人工智能研究中心，制订了具体的人工智能发展规划。学者们围绕

---

① 黄旭敏. 未来研究的热点与未来社会的前景［J］. 未来与发展，1997（01）：21.
② 黄旭敏. 未来研究的热点与未来社会的前景［J］. 未来与发展，1997（01）：21.
③ 尚勇. 抓住时机、发挥优势，引领智能社会发展［N］. 科技导报，2015-10-26（15）.
④ 农华西. 以智能革命为契机不断开辟历史唯物主义发展新境界［EB/OL］. 光明网，2020-04-18.
⑤ 赵晓晖. 智能社会知识价值研究［D］. 北京：中国社会科学院大学，2020.
⑥ 王伟光. 立足中国社会形态演变 坚持五种社会形态理论［J］. 史学理论研究，2021（04）：1.

着智能社会的特点、智能生产方式、新型人机交往关系、智能社会系统、智能化的社会治理等论题进行了广泛的争论，产生了以下七方面的观点：

第一，智能社会是人工智能技术革命和产业革命的结果。中国科学技术协会党组成员王春法认为，人工智能发展孕育新一轮科技革命与产业革命，而科技革命与产业革命带来的信息、生命、材料和人工智能技术的广泛交叉与深度融合，将使人类社会进入智能社会阶段。①

第二，智能社会的特点是智能生产、大数据驱动和知识价值化。毕海滨指出，智能社会是以智能生产为主导的经济社会，其典型特征是人机共融、万物互联、智能泛在，支撑智能社会发展的核心技术是连接和智能。② 成素梅则认为，智能社会的三个主要特征是大数据驱动、以信息物理系统（Cyber Physical Systems，CPS）为核心的智能制造，以及社会结构的扁平化。③ 赵晓晖指出，知识作为生产要素参与价值分配，创新型劳动者能够获得更多价值回报。④

第三，智能生产方式逐渐形成。毕海滨指出，智能生产制造将以往"人脑决策+机器生产"的方式变革为"人机智能协同决策+智能机器生产"，并带来了生产力的大幅度跃升。⑤ 张益等学者指出，工业生产企业将通过智能制造系统架构和智能制造生态系统（Smart Manufacturing Ecosystem，SME）⑥，实现从传统企业的多层架构向智能制造转型。新

---

① 王春法. 协同融合创新，迎接智能社会［N］. 科技导报，2015-10-26（15）.
② 毕海滨. 智能社会的中国机遇和挑战［J］. 审计观察，2017（02）：82.
③ 成素梅. 智能化社会的十大哲学挑战［J］. 探索与争鸣，2017（10）：42.
④ 赵晓晖. 智能社会知识价值研究［D］. 北京：中国社会科学院大学，2020：22.
⑤ 毕海滨. 智能社会的中国机遇和挑战［J］. 审计观察，2017（02）：82.
⑥ 张益，冯毅萍，荣冈. 面向智能制造的生产执行系统及其技术转型［J］. 信息与控制，2017，46（04）：453.

一代智能制造将通过"并行推进、融合发展"① 制造业智能转型的技术路线来完成。

第四，新型人机交往关系产生。闫坤如指出，在智能社会中，人工智能的广泛应用使人们建立了一种新型人机交互关系。② 人工智能以内嵌于人的身体和参与人的活动等方式，成了人自身的组成部分。于雪、王前认为，人工智能人机交互的"智能技术范式"模糊了人机之间的传统界限，同时改变了传统的伦理关系，人与机器（技术）的耦合体成为道德主体。③ 陈凡指出，深度神经网络、决策智能和智能增强（Intelligence Augmentation, IA）改变了人的理性认知的结构，未来3~5年人工智能人机交互对自我的影响在深度和广度上仍将持续。④

第五，人类居住城市将发展成自我调节并可持续发展的智能系统。许庆瑞等学者认为，由于技术—经济—社会—生态的关联性发展，未来人类居住的城市将通过人工智能大数据的数据活化、数据挖掘、数据管理，发展为可自我调节并持续发展的智慧城市。⑤ 智慧城市的内在机制主要表现为两方面。一方面物联网将现实世界与数字世界相互融合，另一方面云计算中心处理其中海量和复杂的计算，为城市管理和公众服务提供更智能化的服务。智慧城市的优点是更智能和更安全，但缺点是将存在信息组织无序及信息产权等问题。

第六，智能社会催生了智能化的社会治理理念和社会文化价值观。

---

① "新一代人工智能引领下的智能制造研究"课题组. 中国智能制造发展战略研究[J]. 中国工程科学，2018（04）：7.
② 闫坤如. 人工智能机器具有道德主体地位吗？[J]. 自然辩证法研究，2019（05）：47.
③ 于雪，王前. "机器伦理"思想的价值与局限性[J]. 伦理学研究，2016（04）：109.
④ 陈凡，徐旭. 后人类时代的技术情感及其伦理反思[J]. 系统科学学报，2020（01）：1.
⑤ 许庆瑞，吴志岩，陈力田. 智慧城市的愿景与架构[J]. 管理工程学报，2012（04）：4.

孙伟平指出，智能社会不仅重塑了传统社会的组织结构，催生了以保护个体权益、改善社会生活、增进居民福祉为目标的社会治理理念，而且通过信息技术在道德教化、意识形态宣传、法治建设等方面的应用，催生了自主、创新、开放、多元的社会文化价值观。①

第七，智能社会为实现共产主义提供了机遇和挑战。杨述明指出，中国现阶段处于工业社会与智能社会共进的历史时期。在工业社会与智能社会共进的社会状态下，"追赶""并跑"和"领跑"将为中国未来现代化发展提供基础。②但成素梅指出，智能社会建设仍任重而道远，作为智能社会的建设主体，我们既没有监管和治理智能社会的现成经验，也还没有为迎接这一社会的到来做好充分的思想准备，因此我们依然需要在实践中摸索前行。③

可以看出，2010年后学者们关于智能社会的唯物史观研究比较深入，但这一阶段的研究仍然"点状"考察较多，如对智能社会的智能经济、智能生产、智能社区、智能治理等，但运用唯物史观的整体研究，如社会存在、物质生产方式、社会基本矛盾等相关理论较少；对智能社会带来的变化研究过多，但不变的部分，尤其是智能社会对工业社会的变革和继承研究过少。以上研究的不足，为本书留下了空间。

与国内学者不同，国外学界对于智能社会的研究开始于20世纪80年代，学者主要关注的是人工智能技术的社会影响、智能社会的概念及其特点、智能劳动等问题。对于以上问题的研究，主要分为两个阶段。

第一阶段是对智能社会的理论设想，开始于20世纪80年代，持续到2000年左右。这一阶段学者对于智能社会的探讨主要集中在人工智

---

① 孙伟平．马克思主义唯物史观视域中的"智能社会"［J］．哲学分析，2020（06）：4．
② 杨述明．智能经济形态的理性认知［J］．理论与现代化，2020（05）：56．
③ 成素梅．智能社会的变革与展望［J］．上海交通大学学报（哲学社会科学版），2020（08）：9．

能技术的社会影响领域。广义而言，人工智能是模仿人类与人类思维相关的认知功能来解决问题的技术。人工智能技术概念于1956年在达特茅斯会议被首次提出，但由于当时技术发展不够成熟，学者对人工智能技术将要引起的社会变革持肯定态度，但对其变革社会的方式存在分歧。如丹尼尔·贝尔（Daniel Bell）认为，人工智能技术将与资本主义占主流的生产方式，即与工业化大生产相结合，创造出一个"后工业社会"。而彼得·德鲁克（Peter Drucker）则认为，人工智能技术要求更多的知识要素参与生产，因此人工智能技术变革下的社会应为"知识社会"。约翰·奈斯比特（John Naisbitt）则强调，信息爆炸是技术变革带来的社会后果，因此应称这样的社会为"信息社会"。这种社会将使科技进步按照人道化的方式进行，"知识生产力已成为决定生产力、竞争力和经济成就的关键因素"[1]。阿尔文·托夫勒（Alvin Toffler）则指出，智能社会的发展称为知识浪潮的结果。这种知识浪潮将带来人类社会发展的第三次大的变革，即第三次浪潮。这种浪潮以"头脑（脑力）为基础"[2]，在信息技术革命的驱动下将形成"一个与'乌托邦'不同的'实托邦'"[3]。这一时期的国外学者们普遍认为人工智能技术将会变革人类社会。变革之后的社会将成为一种人类社会的进化形式。这一时期国外学者对智能社会的探讨具有明显的技术决定论色彩。

第二阶段是2000年至今。在这20多年的发展中，由于互联网技术的广泛普及和高性能计算机的普遍应用加速了人工智能的创新研究，人工智能变革人类社会的潜质不断展现，围绕着人工智能技术的生产和供应将出现主导的技术群落，新兴的产业集群也随之产生。鉴于此，国外

---

[1] 奈斯比特. 大趋势 [M]. 孙道章，译. 北京：中国社会科学出版社，1984：14-15.
[2] 托夫勒. 力量转移：临近21世纪的知识、财富和暴力 [M]. 刘炳章，等译. 北京：新华出版社，1996：9-10.
[3] 托夫勒. 第三次浪潮 [M]. 黄明坚，译. 北京：新华出版社，1996：20.

学者的研究集中于以下五个领域。

第一，关于人工智能革命对智能社会的塑造和对企业、个人产生的影响研究。拉吉·雷迪（Raj Reddy）回顾了在过去的50年里对机器人和智能系统进行的研究，指出虽然大部分研究都针对具体的技术问题，但这些领域的进步将深刻影响社会的系统和解决方案，机器人和智能系统的应用可以改变我们的生活、学习和工作方式。① 罗斯·马克里达基斯（Ross Markridakis）认为人工智能革命将带来广泛的变化，它对公司和就业的影响最大，要避免失业率的成倍增加和财富不平等的加剧。② 索拉布·辛格（Saurabh Singh）等认为智能城市可以通过利用新兴技术的进步而成为一个智能社会，区块链技术和人工智能技术融合的几个关键因素将导致范式向新的数字智能城市生态系统转变，彻底改变智能城市网络架构。③

第二，人工智能技术的具体领域应用研究。崔元生指出在第四次工业革命中，韩国政府通过建立基于超级链接的超级情报，采取了各种政策来建立一个智能信息社会和智能政府。杰里米·斯特劳布（Jeremy Straub）认为人工智能系统的设计能够从呈现给它们的数据中学习并在整个社会中使用。④

第三，人工智能技术社会应用的负面影响研究。人工智能技术是影响面极广的变革性技术，美国等国家的人工智能技术水平发展处于领先

---

① REDDY R. Robotics and Intelligent Systems in Support of Society [J]. IEEE Intelligent Systems, 2006 (03): 21.
② MACRIDAKIS R. The Coming Artificial Intelligence (AI) Revolution: Its Impact on Society and Companies [J]. Futures, 2017 (90): 46-60.
③ SINGH S, SHARMA P, YOON B, et al. Convergence of Blockchain and Artificial Intelligence in IoT Network for the Sustainable Smart City [J]. Sustainable Cities and Society, 2020 (63).
④ STRAUB J. Expert System Gradient Descent Style Training: Development of a Defensible Artificial Intelligence Technique [J]. Knowledge-Based, Systems, 2021 (6): 107275.

地位，也较早地认识到人工智能技术的发展可能产生的社会问题。这些问题主要体现为信息安全问题、个人隐私问题、数字技术掌握不平衡带来的数字鸿沟问题等。杨天秀认为第四次工业革命正在从根本上改变现代社会的结构，现代社会的新模式源于超互联社会、大数据社会、智能信息社会和安全社会的变化，对信息安全的需求越来越大。科林·凯斯（Corinne Cath）认为人工智能可以改善经济、社会福利和人权的行使，但是按照负责、公平和透明的原则设计和管理人工智能的压力越来越大。[1] 苏珊·阿里尔·亚伦森（Susan Ariel Aaronson）和帕特里克·勒布隆德（Patrick Leblond）认为，个人、企业和政府越来越多地使用数据，创造了一个建立在跨境数据流基础上的新经济，美国、欧盟和中国正在利用国内外的政策来收获基于数据的规模和范围经济，形成了一个新的数字鸿沟。[2]

第四，智能社会的规划发展研究。西方国家政府十分重视人工智能技术的发展，日本、德国、英国、欧盟、美国、加拿大等10余个国家和地区组织纷纷发布了人工智能相关的国家发展战略和政策规划，用于支持智能社会的发展。2016年1月22日，日本内阁会议提出，今后5年将重点推进科学技术政策，同时提出了超智能社会概念。[3] 2018年，日本内阁发布《以人类为中心的人工智能社会原则》，提出要综合考虑其对人类发展和社会系统的影响，日本要以"超智能社会"（Society 5.0）为目标，以"尊严、多元、可持续"为基本理念，建构"尊重人

---

[1] CATH C. Governing Artificial Intelligence: Ethical, Legal and Technical Opportunities and Challenges [J]. Philosophical Transactions of the Royal Society, 2018 (09): 1-8.

[2] AARONSON S A, LEBLOND P. Another Digital Divide: The Rise of Data Realms and its Implications for the WTO [J]. Journal of International Economic Law, 2018 (21): 1-8.

[3] 薛亮. 日本第五期科学技术基本计划推动实现超智能社会"社会5.0"[J]. 华东科技, 2017 (02): 46-49.

类尊严""不同背景的大众皆能追求幸福"及"持续性"的社会。2017年,英国政府发布了《产业战略:建设适应未来的英国》,确立了人工智能发展的四个优先领域,即数据分析技术、数据创新中心、数据安全和培养公民数字工作技能。2018年,欧盟发布了《欧盟人工智能战略》,其所在成员国签署了《人工智能合作宣言》。这两份文件就人工智能可能引发的社会、经济、伦理道德和法律等重要问题进行了探讨。

综上所述,国外学者对于人工智能的发展和应用进行了深入的探讨,在人工智能应用和发展的研究方面具有开创性作用。但这些研究倾向于人工智能技术在实践层面的具体研究,聚焦于人工智能发展所引起的某一社会问题,没有从人类社会发展演进的角度去看待智能技术对社会的推动和变革。可以看出,国外学者对于智能社会的研究进入了规划阶段,他们更多地从技术重塑产业、技术推动经济、技术改变社会等角度,分析由资本主义资本增殖规律引发的智能技术异化问题从而得出结论。已有研究具有一定深度和广度,但角度比较分散,研究方法各异,没有聚焦于唯物史观领域,为本书提供了一定研究空间。

三、研究对象、方法和创新之处

论文的研究对象是智能社会在唯物史观中的定义、特点、基础、动力和未来趋势。需要澄清的是智能社会概念包含广义和狭义两个层面。广义的智能社会是指,将社会看成是由"一定的经济基础和上层建筑构成的统一体"[①]。这种智能社会受到人工智能技术大规模社会应用的影响,发生了从经济基础到上层建筑的结构性变革。这是目前大多数学者在探讨智能社会问题时使用的含义。狭义的智能社会是指与政治、经

---

① 中国社会科学院语言研究所词典编辑室. 现代汉语词典:商务印书馆创立120年纪念版[M]. 北京:商务印书馆,2017:1154.

济、文化等并列的,由于人的"共同的物质条件而互相联系起来的"①生活领域。目前狭义的智能社会概念多用于指标测算活动和发展目标编制活动。

本书采用的是广义层面的智能社会概念,这一概念具有相对静止和运动发展两种样态。所谓相对静止是指与第三次科技革命以来的信息社会相区别的社会形式,主要探讨2010年以来,以数据为生产要素、数字劳动为劳动形式、以数字经济为发展动力的人类社会,以美国、德国、中国和日本为分析案例。而运动发展是指,智能社会并不是凭空产生的社会形式,它建立在信息社会和后工业社会的基础上。本书主要运用唯物史观的基本概念和理论,重点考察智能社会的发展历史、特点、基础、动力和趋势,把握智能社会在以上方面与以往社会形态相比的"变"与"不变"。具体包括:

第一,考察智能社会发展的理论和现实进程,分析智能社会的形成基础,辨析智能社会的概念。从人工智能概念的诞生开始,学界对智能社会的探讨已有70年的历史。其中伴随人工智能技术,尤其是通用人工技术在技术路线上的破灭、专用人工智能技术的兴起以及计算机摩尔定律被不断证明的当下,学界对于智能社会的探讨经历了畅想、前瞻、科学规划三个相对独立的阶段。通过分析以上阶段,使我们找到智能社会发展的逻辑起点,剖析出智能社会在唯物史观中的表现和内涵,分辨出智能社会与信息社会、后工业社会的同异。

第二,结合唯物史观的生产力—生产方式—生产关系相互作用原理、社会基本矛盾原理和人的发展三阶段理论,建立分析智能社会定位的基本框架,确立智能社会内涵、变革、基础、动力和未来趋势。尤其

---

① 中国社会科学院语言研究所词典编辑室. 现代汉语词典:商务印书馆创立120年纪念版[M]. 北京:商务印书馆,2017:1154.

走进智能社会：基于唯物史观的考察　>>>

是本书将运用马克思在《资本论》中提出的"一定的生产方式以及与它相适应的生产关系"①原理进行分析，主要考察智能社会在生产力变革作用下，物质生产方式的表现及其适应的生产关系要求。同时，因智能社会的生产方式不仅表现在物质方面，也表现在对非物质的占有方面，如人工智能技术大量捕获与个体相关的情感、行为方面的数据。有专家指出，虽然智能生产变革了传统生产力要素（劳动对象、劳动者、劳动工具），但更重要的是其变革了人类的劳动形式本身，产生了数字劳动、虚拟劳动等新的劳动方式。智能生产方式不仅变革了劳动组织形式，而且变革了工业社会的劳动方式，产生了数字平台组织、人机协同等新的物质生产形式。在此基础上，本书将考察智能社会的社会基本矛盾、社会主要矛盾、未来发展趋势等内容。例如，唯物史观关于社会基本矛盾的理论是如何作用于智能社会的？智能社会的发展动力如何体现为唯物史观的社会基本矛盾理论？在以上考察的基础上，本书将对智能社会与人的发展"三阶段"的关联做出判断。

第三，运用社会基本矛盾和社会主要矛盾理论辨明智能社会的发展基础。智能社会作为一种人工智能技术对工业社会的"赋能"，智能社会不会自动解决原有工业社会的所有问题，相反，可能会将原有工业社会问题加以放大。如美国已经出现的数字鸿沟、数字劳动者（Digital Labor，也译为数字劳工）、社会分化问题，智能技术与资本的联姻加剧了经济、政治、文化等权利的"外在的不平等"问题。在智能社会发展中，智能技术与生物技术相结合极有可能造成一种新的基于个体生命权的"内在不平等"。2019年，中国国家新一代人工智能治理专业委员会发布《新一代人工智能治理原则——发展负责任的人工智能》（以下

---

① 中共中央马克思恩格斯列宁斯大林著作编译局. 马克思恩格斯文集：第5卷 [M]. 北京：人民出版社，2009：100.

简称《原则》)。《原则》提出要"确保人工智能安全可控可靠"①,同时提出了新一代人工智能治理原则。如何从社会基本矛盾的解决入手,统筹协调智能社会整体结构的发展,做到以人民为中心的社会发展,是本书关注的问题。

根据以上研究范围,本书主要运用以下三种方法:第一,矛盾分析法。唯物史观认为,矛盾是推动事物发展的动力,也是规定事物的核心。找到矛盾,分析矛盾,抓住矛盾就相当于把握了智能社会的孕育、形成和发展的核心。因此,找到规定智能社会的唯物史观矛盾因素,分析智能社会的生产力、生产方式以及与之相适应的智能经济,通过对以上内容以及它们之间的对立统一关系,探讨智能社会的基本结构和发展动力。例如,分析智能生产方式与智能经济之间的相互作用的质量互变、否定之否定关系,找到智能社会的唯物史观基本表现。

第二,社会形态分析法。运用唯物史观关于技术社会形态和经济社会形态的相关论述,分析智能社会与工业社会、资本主义社会和共产主义社会之间的关系。进一步地,根据规定智能社会的内在基本矛盾,如生产力和生产关系之间的矛盾、经济基础和上层建筑之间的矛盾,判断智能社会在唯物史观中的发展状态、趋势和基本脉络。

第三,结构分析法。本书在研究智能社会的唯物史观表现、内涵、结构、动力和发展趋势时,一方面从要素的角度,探析智能社会的唯物史观特征;另一方面将智能社会置于历史发展的动态链条中,从唯物史观的社会基本矛盾角度去把握智能社会的发展走势。

结合以上分析方法,本书的特色和创新之处主要体现在以下三方面:第一,本书运用唯物史观探讨了智能社会的唯物史观前提、变革、

---

① 袁于飞,李宇佳. 国家新一代人工智能治理专业委员会表示:发展负责任的人工智能 [N]. 光明日报,2019-06-19 (08).

结构、动力和发展趋势，为智能社会时代全新的社会实践建立了一定的理论基础。第二，本书阐释了智能社会在唯物史中的具体地位和内容，回应了智能社会对唯物史观，尤其是对人类社会发展五形态说的挑战。本书以马克思主义经济社会形态为框架，明确了智能社会在唯物史观中的基本表现、结构、动力和发展趋势。第三，本书保持了马克思主义基本原理，尤其是历史唯物主义的开放性和现实性，推动其吸收更多新的时代内容，与时俱进。

第一章

智能社会产生的唯物史观前提

从人工智能概念的诞生开始，学界对于智能社会的探讨已有 70 年的历史。其中伴随人工智能技术，尤其是通用人工智能技术（Artificial General Intelligence，AGI）在技术路线上的破灭、专用人工智能技术（Artificial Narrow Intelligence，ANI）的兴起，以及当下被不断证明的计算机摩尔定律，学界对于智能社会的探讨经历了畅想、前瞻、科学规划三个相对独立的阶段。分析以上阶段，对于我们找到智能社会概念的逻辑起点，剖析出智能社会在唯物史观中的表现和内涵，区别出智能社会与信息社会的异同，确定研究这一新社会历史阶段的唯物史观方法具有重要意义。

第一节 与智能社会相关的三个历史阶段

总体来看，与农业社会、工业社会不同，智能社会不是在人工智能技术已经充分发展了的社会情况下产生的，而是一个"先说后做"[①] 的概念。智能社会概念产生的初期并不属于唯物史观的探讨领域，而是属

---

① 彭俊松. 工业 4.0 驱动下的制造业数字化转型 [M]. 北京：机械工业出版社，2019：Ⅵ.

于未来主义①或者未来学的。在这个意义上可以说，学界对智能社会的探讨早于智能社会的发展现实。

一、人工智能概念的提出和智能社会的畅想

1950年，计算机之父阿兰·图灵（Alan Turing）发表了人工智能领域的开创性论文《计算机器与智能》（*Computing Machinery and Intelligence*）。在文中，图灵创新性地提出问题"机器是否可以思考"。图灵认为，机器可以像人一样思考。理由如下：其一，计算机可以模仿人脑。其二，人脑的思维过程可以被计算机编程。其三，计算机可以通过存储器、执行单元和控制器，将人脑的思维过程通过编程来进行计算，完成思考。

图灵认为机器可以像人一样具有智能，甚至智能的机器可以像人一样拥有主体地位。"计算机可以成为它自己的主体，计算机可以通过观察自己的行为得出结果"②。虽然这时的图灵并不认为智能机器可以具备道德、感受、意向性、社会伦理等精神性要素，但他认为智能机器将具有自学、进化、改进等人类思维的能力，这将构成人工智能技术最重要的特征。

图灵的思考激发了学者们关于智能机器社会的畅想。1950年年末，美国科幻小说家艾萨克·阿西莫夫（Isaac Asimov）发表作品《我，机器人》（*I，Robot*）。文中描绘了一个由智能机器和人共同构成的社会，提出了著名的"机器人学的三大法则"（也被学界称为"阿西莫夫三定

---

① 未来主义是20世纪六七十年代在西方发达资本主义国家出现的一种对社会发展的未来进行预测的社会思潮。未来主义主要通过定量、定时、定性和其他科学方法，探讨现代工业进步和科学技术发展对人类社会的影响，预测人类社会发展的可能性。参见段忠桥. 当代国外社会思潮第3版 [M]. 北京：中国人民大学出版社，2001：1.

② TURING A M. Computing Machinery and Intelligence [J]. Mind, 1950 (13)：433.

律"）。这一定律向我们展示了一个机器人可以像人一样思考，人必须与机器人生活在一起，人和机器人之间需要设定法则的社会图景。同一时期，美国机械论学者诺伯特·维纳（Norbert Wiener）完成了《人有人的用处：控制论与社会》（*The Human Use of Human Being*）一书。书中提出，基于热力学第二定律的熵增理论、反馈控制理论，人类的生命体和思维都可以最终被机械化。人类必须思考在一定的社会情况下与智能机器相处的问题。这两本著作在一定程度上可被视为学者对智能社会的基本描述。

此后，20世纪50年代初到60年代末成为学者探讨人工智能与智能社会的"黄金20年"。这一时期学者对人工智能技术的发展持乐观态度，对人类与人工智能机器共存的社会持开放性的心态。1951年，克里斯托弗·斯特雷奇（Christopher Strachey）完成了一个跳棋游戏的程序，迪特里希·普林茨（Dietrich Prinz）发展了国际象棋程序。二者证明了人在进行下棋时的智力活动可以被机器模拟。1956年达特茅斯会议召开，朝气蓬勃且充满想象力的青年科学家如约翰·麦卡锡（John McCarthy）、马文·闵斯基（Marvin Minsky）、纳撒尼尔·罗切斯特（Nathan Rochester）、克劳德·香农（Claude Shannon）等汇聚一堂。他们共同探讨了用计算机模拟人类智能的一系列有关问题。在这次会议上，这些年轻的科学家首次提出了"人工智能"术语。这标志着"人工智能"这门新兴学科的诞生。很快地，人工智能研究中心实体机构，如麻省理工学院人工智能实验室、斯坦福大学人工智能实验室、卡内基梅隆大学人工实验室宣布成立。这些实验室推进了人工智能的相关研究。1964年丹尼尔·博布罗（Daniel Bobrow）发表的《计算机问题解决系统的自然语言输入》（*Natural language input for a computer problem solving system*），1964年约瑟夫·维森鲍姆（Joseph Weizenbaum）发表的《ELIZA——研究人与机器之间自然语言交流的计算机程序》

(*ELIZA-a computer program for the study of natural language communication between man and machine*)成为人工智能技术发展出自然语言处理和对话技术的代表性事件。以上研究指出,人工智能具有和人类交互的能力。人工智能可以理解人类,人类也可以理解人工智能。20世纪60年代末,闵斯基和西摩尔·派普特(Seymour Papert)指出,人类在成熟的学科中往往使用简化模型,也许机器可以利用这种模型实现对人类智能的模拟。闵斯基在接受《生活》(*Life*)杂志的采访时甚至放出豪言壮语,"在3~8年的时间内,我们可以拥有其智能等同于普通人的机器"①。这就意味着人与智能机器共同存在的社会即将到来。

20世纪50年代到60年代末是人工智能概念和智能社会议题"狂飙突进"的20年。人工智能概念和智能社会议题不仅成为学者们探讨的对象,而且成为整个社会发展的方向。即便这时的科学家没有相对应的社会实际作为支撑,但是他们真诚且发自内心地认为,人工智能技术将会带来一次新的、巨大的社会变革。同时这种变革由于部分人工智能技术的突破性进展,让青年科学家和全社会提升了对于人工智能和智能社会的期望,让他们产生了人工智能和智能社会的全面发展能够解决以往社会没有解决的问题的想法。但不幸的是这种想法很快被现实的发展所挫败。

二、专用人工智能技术的发展与智能社会的理论前瞻

20世纪70年代开始,人工智能技术和研究的发展遭遇了前所未有的挫折。其根本原因在于,无论是1950年图灵提出的智能机器,还是1956年达特茅斯会议上青年科学家提出的人工智能概念,二者探讨的都是一种通用人工智能技术。这种技术强调人工智能要实现对人的完全

---

① MCCORDUCK P. Machines Who Think: A Personal Inquiry into the History and Prospects of Artificial Intelligence [M]. New York: A K Peters, 2004: 272.

模拟，即人工智能既能像人一样思考，又能像人一样从事多种活动（如情感类的活动、社交类的活动等）。而在这一概念基础上，学者延伸出关于智能社会的想象，认为智能社会是一种人与人工智能机器共同存在的社会。

然而，这种期望在经过 20 年的发展实践之后，在 20 世纪 70 年代被证明是不切实际的。20 世纪 60 年代初美国政府、英国政府投入了大量经费在通用人工智能技术的开发和设计领域，给予这些领域 10 年的发展周期，但却没有得到预期的回报。20 世纪 60 年代中期，麦卡锡曾信心满满地向美国国防高级研究计划局承诺，未来 10 年他们就可以"创造能够像人类一样高效地从经验中学习的程序"[1]，即全智能机器。当时美国政府基于冷战的需求，相信了这种承诺。20 世纪 60 年代，美国政府投入了大量资金在通用人工智能技术的开发和实验当中。仅 1963 年，美国国防高级研究计划局就投入了 200 万美元，用于资助麻省理工学院的"人工智能小组"的"数学与计算"项目（the Project on Mathematics and Computation，MAC）。这一时期，除了以上项目之外，美国国防高级研究计划局还资助了包括斯坦福大学人工智能实验室、卡内基梅隆大学人工实验室等在内的人工智能研究机构，"美国国防高级研究计划局每年都会向麻省理工学院投入 300 万美元用于人工智能研究"[2]。这些资助持续到了 20 世纪 70 年代。但美国政府的重金和等待换来的是期望破灭。1966 年 ELIZA 程序仅能够进行简单的自然语言对话和交互；1972 年机器人系统 SHRDLU 在其基础上未能实现质的提升，而只能用普通的英语句子进行交流。这两个实物形式的人工智能机器，不仅不如四五岁儿童的智能，甚至与预先设想的"全知全能"，即取代

---

[1] 马尔科夫. 与机器人共舞 [M]. 郭雪, 译. 杭州：浙江人民出版社, 2015: 114.
[2] CREVIER D. AI: The Tumultuous History of the Search for Artificial Intelligence [M]. New York: Basic Books, 1993: 114.

人、高于人的机器模型相差甚远。它们完全不符合研究者承诺的通用人工智能技术的发展目标。

这种失败引发了哲学学者对通用人工智能技术概念的反思和批判。技术哲学现象学之父休伯特·德雷福斯（Hubert Dreyfus）、语言哲学家约翰·塞尔（John Searle）将通用人工智能技术判定为一种永远无法实现的空想。1972 年，德雷福斯发表著作《计算机不能做什么：人工智能的极限》（*What Computer Can't Do*：*The Limitation of Artificial Intelligence*）。德雷福斯在书中指出，并不是所有人类智能都可以被形式化。如人类智能中的经验、直觉、意义等都不可能通过形式规则加以描述，而且以上这些都是人在实践生活中产生的，人的世界是由"使人类活动具有意义的物体、目的、技能和实践组成的"①。人类的大脑不是完全由其生理机能决定的。模拟人类大脑的机制，但却不考虑人类理智的经验性、生成性，是无法产生思想的。1984 年，塞尔运用著名的"中文屋"实验更准确地表达了这种观点。在这个实验中，塞尔将一个被试者置于一个完全与外界隔绝的屋子里，屋子里只有一些机械装置和一份用英文写的关于中文的规则手册。通过让被试者进行一些简单的中文对话，塞尔发现，尽管被试者能够按照规则手册进行对话，但他们完全无法理解自己在说什么。这个实验表明，仅仅依靠规则手册和程序是无法实现真正的语言理解的。因此，塞尔认为，语言理解需要依赖于某种形式的内在认知机制。即便人们无法在语义上找到人工智能体和人之间的差别（人们无法判断屋子里使用中文进行交谈的是人还是机器），人工智能机器也不可能被认为具有人类智能。因为"构成强人工智能体

---

① 德雷福斯. 计算机不能做什么：人工智能的极限 [M]. 宁春岩，译. 北京：生活·读书·新知三联书店，1986：19.

的计算机程序在本质上是语法的，但人心是语义的"[1]。

现实的失败和理论界的批判导致人工智能研究进入了"寒冬期"（AI Winter）。这一时期从 20 世纪 70 年代持续到了 20 世纪 90 年代。在这 20 年中，学者放弃了通用人工智能技术的设想，放弃关于智能社会的展望，转而开始进行更谨慎的判断。从 20 世纪 70 年代开始，美国政府、英国政府削减了关于人工智能研究的资金和投入。学者们也普遍认为"通用型机器人不过是海市蜃楼"[2]。大部分学者放弃了通用人工智能技术观念，而去发展专用人工智能技术（对人脑功能的部分模仿，这一时期主要指专家系统）。技术学者比尔·杜瓦尔（Bill Duvall）、拉里·泰斯勒（Larry Tester）等转向智能增强研究。智能增强是基于一种技术来放大人类智能，即不是用来完全模仿或者取代人，而是用来辅助和增加人类某一特定智力或技能的设计思路。这一思路背后折射出的是科学家们不再执着于发展一种类似于人的智能机器，而是转为发展计算机操作系统、现实的人机互动技术。专用人工智能技术可以通过构建相应的问题匹配规则，来解决用户的实际问题，增强用户的解决问题能力，如数据运算系统、自然语言处理系统、视觉计算系统等。专用人工智能技术的发展带动了人工智能技术的产业化。20 世纪 80 年代中期，美国涌现出了卡内基集团（Carnegie Group）、智能公司（IntelliCorp）、泰克诺勒杰（Teknowledge）等知名的专用人工智能技术公司，发展出了一个约 10 亿美金的产业。这些产业生产出来的产品广泛应用于工业制造、医疗等相关领域。20 世纪 80 年代末，当时世界前 500 强企业中的一半与 20 世纪 60 年代人工智能的研究实验室如麻省理工学院、斯坦

---

[1] 程鹏，高斯扬. 通用人工智能体道德地位的哲学反思［J］. 自然辩证法研究，2021（07）：60.
[2] CREVIER D. AI: The Tumultuous History of the Search for Artificial Intelligence［M］. New York: Basic Books, 1993: 22.

福大学、卡内基梅隆大学相关。面对这种社会变革，学者们不再将受到人工智能技术影响的社会称为智能社会或者人工智能社会，而是称其为信息社会、后工业社会、技术电子社会、超工业社会等。

有趣的是，虽然20世纪七八十年代人工智能技术在美国、英国等发达国家经历了挫折，学者关于智能社会的设想走入了"死胡同"，但是在改革开放后高速发展的中国，智能社会却成为学者探讨的热点。20世纪80年代，恰逢我国改革开放的初期，"四个现代化"成为国家发展的目标。1986年3月，王大珩、王淦昌、杨嘉墀、陈芳允四位科学家给中共中央写信，提出要跟踪世界先进水平，发展我国高技术的建议。这里面的高技术包括超大规模集成电路设计、高性能计算机及其核心软件、软件重大专项、高性能宽带信息网的信息技术。这封信得到了邓小平同志的高度重视，邓小平同志亲自批示：此事宜速决断，不可拖延。经过严格的科学和技术论证后，中共中央、国务院批准了《国家高技术研究发展计划（863计划）纲要》。"863"计划有效地带动了我国高技术研究领域，尤其是信息技术领域的发展。1988年9月，邓小平同志根据当代科学技术发展的趋势和现状，在全国科学大会上提出了"科学技术是第一生产力"的论断。这一论断从思想上指明了科学技术对社会发展的重要作用。1989年，童天湘研究员在论文《未来社会应是智能社会》中指出，"智能社会"是经过高技术智能革命的社会。智能社会是一个独立的社会形态。智能社会的本质是高智力结构，也就是人的自然智力与机器的人工智力相互促进而形成智力人工进化与智力人工开发相结合的系统，这种社会将是人机共生的社会。1993年，黄楠森教授主编的《新编哲学大辞典》中出现了"智能社会"词条，撰写人是北京大学哲学系的赵家祥教授。赵家祥指出，由于世界新技术革命的发展，到20世纪的五六十年代，资本主义社会的工业化进程已经发

<<< 第一章 智能社会产生的唯物史观前提

展到了尽头,其"将被一个新的发展阶段所取代"①。虽然西方学者将这一新的阶段称为信息社会、后经济社会、后工业社会、技术电子社会等,"但都没有揭示这个阶段在技术上的本质特征。……应该把代替工业社会这个新的发展阶段,称为'智能社会'"②。理由在于,"二战"后世界经济发展的趋势是知识密集型产业,知识密集型产业中的智力因素和智能技术在社会生产生活中的作用日趋显著,而西方学者口中的"'信息社会'无非是由工业社会向智能社会转变过程中的一个过渡阶段"③。

20世纪80年代中国学者的研究,加上改革开放后中国推进科技现代化的伟大历史事件,推动了智能社会议题进入战略规划阶段。中国学者们围绕智能社会的本质、智能社会的特点、智能社会的发展等问题产生了具体的观点。例如,黄旭敏认为,智能社会的特点是高智能。高智能是指"人的智能与机器的智能相互转换,它将极大地促进智能的增长和发展,使人类社会的发展和人类自身的演化进入一个崭新的历史时期"④。王锐生指出,智能社会应是一种社会经济形态。智能是人的智力的外化。从技术经济的历史发展视角来看,"智力劳动和智能革命应在社会关系中实现"⑤。这一阶段学者探讨集中性成果体现在了1997年《哲学研究》关于智能社会研究的综述文章《对"智能革命"的唯物史观评述》当中。

综合来看,回顾20世纪70年代到90年代,由于遭遇到了通用人工智能技术的失败,西方学者转而发展专用人工智能技术,实现了专用

---

① 黄楠森,杨养堪. 新编哲学大辞典 [M]. 太原:山西教育出版社,1993:1188.
② 黄楠森,杨养堪. 新编哲学大辞典 [M]. 太原:山西教育出版社,1993:1188.
③ 童天湘. 智能技术创造未来社会 [J]. 杭州师范学院学报(社会科学版),2003(06):18.
④ 黄旭敏. 未来研究的热点与未来社会的前景 [J]. 未来与发展,1997(02):21.
⑤ 王锐生. 对"智能革命"的唯物史观评述 [J]. 哲学研究,1997(07):3.

人工智能技术的产业化发展，产生了更谨慎的观点。而中国学者通过观察西方工业社会的发展历史，分析科技革命对人类社会的变革性力量，不仅提出了智能社会的具体概念，而且对这种概念的构成进行了较详尽的理论设计和前瞻规划。虽然这一时期中国的计算机技术尚未普及，学者在实际的社会生活中，尚无法知晓人工智能、通用人工智能技术、专用人工智能技术的差别，更无法具体反思人工智能的技术发展困境，但中国学者对智能社会的发展抱有高度的热情。这种热情带动了中国学界对智能社会的研究。

三、人工智能技术的大规模社会应用与智能社会的雏形显现

20世纪90年代至21世纪初，随着互联网技术的高速发展和高度集成、性能强劲的计算机的出现，专用人工智能技术日益成熟。智能算法、自然语言交互和深度学习成为这一时期的"明星"技术。它们被大规模地应用到了社会生产实践中。但是这一时期西方主流的人工智能研究者却拒绝再做出任何关于人工智能或者与智能社会相关的预言。大多数人工智能研究人员避免提到人工智能，避免成为被人耻笑的"做白日梦"和"不切实际"的人。2005年，人工智能技术研究者约翰·马科夫（John Markoff）在接受《纽约时报》（*The New York Times*）采访时指出，"在人工智能低谷时期，许多计算机科学家和软件工程师在尽量避免使用人工智能这一术语，他们害怕被视为狂热的梦想者"[1]。

2010年后，随着人工智能技术，尤其是语音识别、人机交互、数据挖掘、自然语言处理日益发展成熟。集成化、标准化、具有广泛应用场景的人工智能技术走进大众视野。这一时期具有标志性的事件是2011年IBM的沃森（Watson）战胜了Jeopardy冠军，2014年IBM的聊

---

[1] MARKOFF J. Behind Artificial Intelligence, a Squadron of Bright Real People [N]. The New York Times, 2015-10-14 (A10).

天程序通过了图灵测试，2016年谷歌的围棋程序AlphaGo成功击败了人类围棋世界冠军。这一时期，苹果（Apple）公司推出了自然语言问答工具Siri，百度、腾讯、谷歌的人脸识别系统均已超过人类。人工智能技术成了一个涵盖认知科学、计算机技术、自然语言交互等多领域交叉，高速发展的技术群。这一技术群"研究人类智能行为规律（如学习、计算、推理、思考、规划等）"①，而且早已超过了人类个体的智能极限。这一时期，由于芯片技术的不断发展，系统集成的能力增强，计算机摩尔定律不断得到证实，人工智能技术真正展示出了"接近人脑的潜力"②。

人工智能技术的发展使智能社会再次成为学界探讨的热点。2010年之后，成本合理且应用广泛的人工智能技术走向了大众生活。特别是人工智能技术中的机器学习、大数据、云计算的广泛应用。这种应用让学者们做出了"一个新的经济和社会发展时代"③即将到来的判断。从2014年开始，一大批与智能社会相关的学术话题和书籍开始涌现。其中有代表性的有中国科学技术协会智能科技与产业研究课题组编著的《智能社会前瞻》、中国电子学会编著的《先进计算与智能社会》、许可等编著的《智能经济时代生态大变局》和日本东立大学研究中心的《超智能社会》等。

与学界研究相对应，这一时期各国政府也针对智能社会的发展制订了相应的规划。但由于各国的技术发展、经济文化的情况不同，各国政

---

① 清华大学人工智能研究院，清华—中国工程院智能联合研究中心. 人工智能发展报告2011—2020［EB/OL］.（2021-04-13）［2024-06-10］. 网经社. https：100ec. cn/indexvphp/detai/6589404. html.
② 王彦雨. 基于历史视角分析的强人工智能论争［J］. 山东技术大学学报（社会科学版），2018（06）：22.
③ 刘刚，等. 智能经济发展的中国逻辑［M］. 北京：中国财政经济出版社，2021：10.

府对智能社会发展的路径规划也不尽相同。

科技发展相对领先的美国,采取的是优先发展人工智能技术的策略。选择这种策略的背后渗透着美国想要优先发展人工智能技术,"通过布局全球制造创新网络,达到早掌握核心技术和数据资源的基础上,实现全球'为我'制造的分布式智能制造网络"①的战略布局。事实上,美国政府的选择与美国的国际地位相关。优先发展人工智能核心技术,能够获得甚至垄断科技创新的红利,获得技术生产领域的超额优势,巩固自身的世界领先地位。这一时期美国政府采取的具体政策包括:2016 年美国国家科学技术委员会(NSTC)发布《国家人工智能研发战略计划》,强调了人工智能技术对社会发展的推动作用。同年,美国总统办公室发布报告《人工智能、自动化与经济报告》(*Artificial Intelligence, Automation, and the Economy*),强调人工智能技术将变革现有的机器大工业生产方式,将对世界经济的发展和美国社会的整体产生巨大影响。2018 年,美国白宫成立人工智能特别委员会,并将人工智能技术的发展列为优先事项。同年,美国国防部高级研究项目局宣布投资20 亿美元。2019 年,美国白宫科学和技术政策办公室(OSTP)发布了由总统签署的《美国人工智能倡议》(*American AI Initiative*),要求给人工智能研究投入更多联邦资金和资源,要开展人工智能时代美国劳动力培养的研究,同时制定由美国主导的国际人工智能标准。

德国强调运用人工智能技术推动工业、制造业的发展。这种选择与德国自身的制造业发展状况密切相关。德国在制造业方面相对领先,因此德国政府的目标是确保德国制造业的未来,并争取在智能制造的技术标准、产业标准方面占据主动,形成产业竞争优势,以此推进智能社会的建设。2013 年,德国联邦政府率先提出"工业4.0"战略。这一战略

---

① 智能科技与产业研究课题组. 智能社会前瞻[M]. 北京:中国科学技术出版社,2016:21.

反映了德国联邦政府对人工智能技术发展及其对产业推动作用的敏感性。2018年,德国联邦政府颁布了《高科技战略2025》(HTS2025),明确提出了具有高度实践性的人工智能技术发展计划,如建立人工智能竞争力中心、制定人工智能战略、组建数据伦理委员会等,来推动人工智能技术与装备制造业的融合,实现智能社会的发展。2019年,德国经济和能源部发布《国家工业战略2030(草案)》。《国家工业战略2030(草案)》强调了人工智能技术对工业发展和社会发展的重要性。2020年,德国柏林工业大学成立新的人工智能研究所,宣布开展人工智能科研和人才培养。德国联邦政府将对该研究给予预算支持,预计到2022年资助总额将达3200万欧元。

日本政府关注智能社会对人的完善作用,强调要建设"以人为中心"的智能社会。这种政策选择与20世纪90年代以来日本的经济衰退和社会深度老龄化现实密切相关。日本政府将建设智能社会视为提振日本经济、扶助老年人发展的重要手段。2016年,日本政府成立了人工智能技术战略委员会。这一委员会制定了人工智能技术的研究和发展目标以及人工智能产业化路线图,推动总务省、文部省、经产省以及下属研究机构间关于人工智能技术研发的协作。2017年,日本发布《人工智能技术战略》。2018年,日本发布《综合创新战略》提出要培养人工智能领域技术人才。同年,日本内阁府发布《以人类为中心的人工智能社会原则》,表明了日本政府要在推进人工智能技术研发时,综合考虑其对人类、社会、产业、文化、伦理等方面带来的影响,构建安全且全面发展的智能社会。这种社会以"尊重人类尊严""不同背景的大众皆能追求幸福""持续性"为发展目标。

不同于上述国家,中国政府将建设智能社会视为"弯道超车"和习近平新时代中国特色社会主义的发展机遇。中国政府将智能社会的建设放在"两个变局"和中国特色社会主义的新发展阶段、新发展理念、新发展格局中来理解，从国家规划、产业格局、人工智能技术伦理等各个角度，规划智能社会的发展。

2015年，习近平总书记在给世界机器人大会的致信中确认了智能社会的到来。① 同年，中华人民共和国国务院（以下简称"国务院"）发布《中国制造2025》，指出要以推进智能制造为主攻方向。2016年，国务院发布了《"十三五"国家科技创新规划》，指出要重点发展大数据驱动的类人智能技术方法。同年，国务院发布《"十三五"国家战略性新兴产业发展规划》，强调要培育人工智能产业生态。2017年，人工智能被写入全国政府工作报告。同年10月，人工智能被写入党的十九大报告。2018年，习近平总书记指出："我们正在经历一场更大范围、更深层次的科技革命和产业变革。"② 同年，工信部印发了《新一代人工智能产业创新重点任务揭榜工作方案》，提出通过在人工智能主要细分领域选拔领头羊，培育创新发展的主力军。2019年，政府工作报告中将人工智能升级为"智能+"，提出要打造工业互联网平台，为制造业转型升级进行"智能+"赋能。2021年我国政府发布的《"十四五"规划和2035年远景目标纲要》，提出未来5年要实现的10个与智能社会发展高度相关的场景。③

近10年来，智能社会的发展与20世纪80年代相比，已经具有了现实基础。综合来看，2010年后的智能社会概念建立在人工智能技术对人类社会产生的实质性变革上。

一方面，这一时期的智能社会与人工智能技术对个体生活的改变相

---

① 习近平. 致2015世界机器人大会贺信［N］. 人民日报，2015-11-24（01）.
② 习近平. 让美好愿景变为现实：在金砖国家领导人约翰内斯堡晤大范围会议上的讲话［N］. 人民日报，2018-7-27（03）.
③ 工业和信息化部，国家发展和改革委员会，教育部，等. 关于印发"十四五"智能制造发展规划的通知（工信部联规〔2021〕207号）［EB/OL］. 工信部网站，2021-12-28.

<<< 第一章　智能社会产生的唯物史观前提

比，无论是在范围上，还是在规模上，都已经"肉眼可见"。无人驾驶车辆已经上路，智能零售平台已实现采买、生产、物流、服务的全链条智能化，智能手机、智能家电已经大规模普及。学者们普遍认为，智能技术正在"以更小的颗粒度重塑现实世界"①，而这种重塑带来的就是智能社会。

另一方面，这种重塑在一定程度上变革了人们以往的生产方式、生活方式和思维方式。从生产方式角度来看，随着人工智能技术不断的大规模社会应用，工业生产的自动化水平和程度不断提高，人们的劳动方式出现了由机械自动化向智能自动化，由局部自动化走向智能系统管理和智能控制自动化的变革。从事智能化产业的人员数量比例迅速增加，如近年来不断涌现的互联网公司的科技人员、管理人员和智能科技产业主导下的服务人员、快递小哥、带货主播、短视频博主等新兴行业从业人员。而从生活方式的角度来看，智能手机、搭载了芯片的智能数码物成为人们身体、头脑的延伸。现实生活中，智能设备已经能够实现"初级"连通。如智能手机可以连接智能家电、智能控制器，而这些家电、控制器也可以反过来自动向智能手机传输数据，进行数据分析。这种"万物互联"的方式改变了人们的行动和选择。这进一步导致了人们的思维方式也随之变化。从思维变革的角度来看，人工智能技术在一定程度上改变了人们的思维方式。如以往人们出门需要查地图、记地名，现在出门只要带手机，用地图 APP 中的 AR 智能导航即可。以往人们要学习元、角、分等货币换算公式，但现在只需要学会用手机扫码，进行付款即可。以前人们还会手写信件传递信息，现在人们提笔忘字，只会打字和语音传输。当下智能社会已经对人类的生活产生了广泛

---

① 许可，李湘华，朱青青，等．智能经济时代生态大变局：赢战 5G［M］．北京：人民邮电出版社，2020：2.

的影响。这让学者产生了智能社会到来的基本判断。①

第二节 智能社会的概念

"历史从哪里开始，思想进程也应当从哪里开始。"② 智能社会的概念来自智能社会的发展历史。具体而言，智能社会概念对应的历史主要是 2010 年之后在美国、日本、中国等国家发生的，因大规模运用人工智能技术而产生的社会。这一社会建立在工业社会的基础上，是以第四次工业革命为标志的，通过智能产业化和产业智能化、智能产品生产而带来的社会。这一社会与信息社会具有实质性区别。

一、逻辑起点

在唯物史观当中，概念的逻辑起点是指对形成概念所对应的内涵和范畴进行研究的起始现实方位或时间节点。唯物史观坚持物质第一性、思维第二性，思维反映物质，思维和物质能够同一的研究方式，关注来自真实的、现实的历史发展，而不是抽象的思想判断或逻辑推演。智能社会唯物史观研究的逻辑起点可以被确定为 2010 年前后。产生这种判断的根据主要有三个：

其一，2010 年前后，人工智能技术已经大规模应用于人类社会，这种应用产生了巨大的社会变革。人工智能技术的不断发展，使越来越多的行业开始采用这一技术，从而改变了传统的工作方式，提高了工作

---

① 许可，李湘华，朱青青，等. 智能经济时代生态大变局：赢战 5G [M]. 北京：人民邮电出版社，2020：2.
② 中共中央马克思恩格斯列宁斯大林著作编译局. 马克思恩格斯文集：第 2 卷 [M]. 北京：人民出版社，2009：603.

效率，这也使人们的生活更加便利。比如，在医疗领域，人工智能技术被广泛应用于疾病诊断、治疗和护理等方面。通过深度学习和自然语言处理等技术，人工智能可以快速分析大量的医疗数据，为医生提供更准确的诊断和治疗方案。相应地，人工智能还可以协助医生进行病例管理和病患沟通等工作，提高了医疗服务的效率和质量。又如，在金融领域，人工智能技术被广泛应用于风险评估、投资决策和客户服务等方面。通过大数据分析和机器学习等技术，人工智能可以快速处理大量的金融数据，为金融机构提供更准确的投资决策和风险管理方案。相应地，人工智能还可以协助金融机构进行客户服务和风险控制等工作，提高了金融服务的效率和质量。再如，在交通领域，人工智能技术被广泛应用于智能交通管理和智能车辆驾驶等方面。通过物联网技术和机器学习等技术，人工智能可以实时监测道路交通情况，为交通管理部门提供更准确的路况信息和交通管理方案。同时，人工智能还可以协助车辆驾驶实现自动驾驶和智能避障等功能，提高了交通的安全性和效率。总之，2010年前后的人工智能技术的应用已经深入各个领域，为人类社会带来了巨大的变革。以上变革不仅影响了人们的生产方式，而且影响了人们的生活方式和思想方式。这是身处这一时代每个人都能感受到的事实。与20世纪80年代相比，2010年后的智能社会概念已经具备了进行唯物史观研究的基本条件。那就是学者在考察这一概念时，不用再诉诸想象力和超前的理论预判，而是诉诸真实的感受和实践经验。学者在研究这一问题时能够做到历史发展与思想认知的统一。

其二，2010年后，各国政府从战略发展的层面对智能社会的发展做出了切实的政策。各国政府意识到，智能社会不仅会为人们带来更多的便利，而且还有助于提高生产力和效率。各国政府制定的政策通常侧重于推动创新和技术的发展，以及培养具有高科技技能和知识的劳动力。例如，美国和德国设立了专门的基金，以鼓励企业和研究机构进行人工智能研究和开发。中国则通过提供税收优惠和其他激励措施，吸引更多的公司投资于人工智能领域。此外，各国政府还开始重视人工智能在教育、医疗、交通等领域的应用。他们鼓励企业与学术机构合作，以推动人工智能技术的研发和应用。受到政府政策的推动，人工智能技术开始以渗透和革命性的作用，推动生产力的发展，并迅速渗入社会生活层面，引发社会变革。根据埃哲森（Accenture）公司2015年对人工智能技术（包括硬件、软件、相关技术，以及使用这些技术的智能工具）的生产力应用对GDP影响比重的计算，美国的智能经济的规模占其GDP的33%，日本的智能经济规模占其GDP的19%。[1] 这意味着，人工智能技术开始真的与人类社会的物质生产、生活相结合。智能社会不再是"不切实际的理论泡沫"[2]，而是正在发生的现实。

其三，受第四次工业革命的持续推动，智能社会的生态创新效应正在逐步显现。事实上，生态原指生物的生存和发展状态，在智能社会中被引申为推动智能社会发展的社会条件和动力结构。这种社会条件和动力结构由各国政府来建设和推动。总结起来，各国政府对智能社会的生态创新可以归纳为四方面。首先，政策引领。政策是国家发展的顶层设计，也是政府推动社会发展的基本方式。如上所述，美国、德国、日本、中国等国家政府都针对智能社会的发展制订了行动计划，都围绕着人工智能技术的发展、支撑体系、智能产业、智能产品、产业人才等相关环节做出了发展布局。其次，大力推进人工智能技术与社会生产活动的相互融合。美国、德国、日本和中国都对人工智能技术与制造业、农业、交通、教育、医疗的融合应用做出了规划，都强调要通过加快人工智能技术对社会生产活动的有效融合，带动经济发展的质量变革和效益变革，形成新的发展动能。再次，建设智能基础设施。智能社会的发展

---

[1] 平安证券. 数字经济系列报告（一）[EB/OL]. 东京财富网, 2021-04-08.
[2] Web开发. 技术的热门度曲线 [EB/OL]. 搜狐网, 2017-04-17.

需要与之相应的基础设施来保障。而智能技术设施不仅包括工业互联网、5G、物联网等硬件设施架构,也包括与之对应的建设标准体系,如工业互联网建设标准体系、5G 系统设计与标准体系、物联网基础安全标准体系等。这些体系一方面保障了智能基础设施的互联互通,另一方面也打破了各个不同主体参与智能社会建设的"孤岛效应",形成了相互协同的发展态势。最后,创新的工作机制。智能社会的发展既来自政府的顶层设计,也来自市场主体的自发创新。推动智能社会发展需要政府的工作机制创新。如 2018 年我国工信部提出了发展人工智能技术及其相关产业的"赛马机制",即通过确定需要发展人工智能产业的重点任务,向社会范围内招标揭榜,通过竞争性考核,筛选出一批具有竞争力的优势企业,带动行业发展。2018 年 11 月,我国工信部印发了《新一代人工智能产业创新重点任务揭榜工作方案》(以下简称《方案》)。《方案》的目标是推动人工智能创新应用建设,探索部企合作机制,加快技术成熟,具体操作办法是征集并遴选一批掌握人工智能核心关键技术、创新能力强、发展潜力大的企业、科研机构等。这些行动都从现实发生的历史过程中,确认了智能社会唯物史观研究的逻辑起点。

二、基本内涵

马克思主义认识论指出,人对事物的认识来源于人对事物的感性认识和理性思维。感性认识要求人们对事物形成感觉、知觉和表象。理性认识要求人们根据感性认识进行概念、判断和推理。学界对智能社会的认识来源于不断发展的社会现实。中国科学技术协会智能科技与产业研究课题组是较早研究智能社会的学者团体。他们在 2016 年发布了《智能社会前瞻》,从第四次工业革命角度规定了智能社会的内涵。他们的规定主要集中在以下五方面。第一,第四次工业革命将促进产业革命。

中国智能经济发展白皮书》（以下简称《报告》）。这一《报告》从经济社会形态层面解读智能社会。《报告》指出，智能社会的内涵主要包括三方面：一是以人工智能为核心驱动力，以人工智能技术与云计算、5G、大数据、混合现实（Mixed Reality，MR）等新一代信息技术和智能技术为支撑；二是以智能经济形态为基础；三是上述二者通过智能技术的产业化和传统产业的智能化，推动了工业社会生产生活方式和社会治理方式的智能化变革。

上海大学的孙伟平教授是我国长期跟踪智能社会唯物史观研究的马克思主义学者。他在2020年发表的一系列文章（如《马克思唯物史观视域中的智能社会》《马克思主义与智能时代》《智能社会：共产主义社会建设的基础和条件》）中指出，"智能社会是智能科技'再结构'社会的产物，是以智能产业为代表、知识创新为主导作用的智能经济社会"[1]。

综合上述机构和学者的观点，我们可以发现，学者们关于智能社会内涵的共识是，第四次工业革命、人工智能技术及其相关发展的软硬件作为支撑智能社会发展的底层技术、形成与智能技术相关的产品或服务、智能产业化和产业智能化、智能经济几方面。遵循不重复、不遗漏的归纳原则，我们得出关于智能社会的一般性内涵：智能社会是建立在工业社会基础上，是以第四次工业革命为标志的，通过智能产业化和产业智能化以及智能产品而产生的社会。

作为一个独立的概念，智能社会概念内涵的重要部分更多来自与传统工业社会相比的"不同"。从以上学者的表述中，我们可以发现，智能社会至少体现了五大与传统工业社会不同的特点。第一，以第四次工业革命人工智能技术的大规模社会应用为主要依托（既包括硬件方面

---

[1] 孙伟平．马克思主义唯物史观视域中的"智能社会"[J]．哲学分析，2020（11）：4．

的 ICT 技术，即 Information and Communications Technology，如 5G、物联网、区块链；又包括软件方面的云计算、大数据、区块链、混合计算、边缘计算等），强调社会当中的智能化、数字化、信息化驱动特征。第二，智能社会包含三个层面。这三个层面的内容以自下而上的方式构成。其一是支持智能社会的底层技术（如 5G、物联网、区块链等，同时这个范围随着技术的进步也在不断拓宽）；其二是与人工智能技术直接相关并产出商品和服务的行业，包括智能信息通信、电子信息制造、软件服务业等；其三是将人工智能技术运用到其他传统行业，体现为各个行业生产和服务过程与人工智能技术的相互融合。第三，智能经济将发展为智能经济形态，推动智能社会的发展。习近平总书记指出，要"形成适应智能经济、智能社会需要的基础设施体系"①，同时要构建"智能经济形态"②。第四，基于智能经济形态的智慧城市、智能医疗、智能教育是智能社会的延伸性内涵。第五，智能社会概念的内涵和外延不是一成不变的，而是随着经济社会与信息技术的发展不断变化和拓展的。

三、智能社会与信息社会的区别

信息社会是容易与智能社会混淆的概念。辨明它与智能社会的同异有助于确定研究对象的内涵和边界，更好地开展研究。具体来看，智能社会与信息社会的区别主要体现在以下这些方面：

首先，信息社会是指信息技术和信息技术体系与产业占主导地位的社会。信息社会与智能社会的区别体现在逻辑起点、基本内涵和发展趋

---

① 习近平. 加强领导做好规划明确任务夯实基础 推动我国新一代人工智能健康发展[N]. 人民日报，2018-11-01（01）.
② 习近平. 加强领导做好规划明确任务夯实基础 推动我国新一代人工智能健康发展[N]. 人民日报，2018-11-01（01）.

势上。提出信息社会的学者是奈斯比特。他在 1982 年发表的《大趋势——改变我们生活的十大新方向》中指出，美国的信息社会始于 1956—1957 年。判断标志主要有两个。第一，1956 年美国从事技术、管理事务的白领工人，在历史上第一次超过蓝领工人的数量。与蓝领工人不同，大多数白领工人的主要工作内容是处理信息，而不是生产产品。这标志着信息的生产和加工成为了社会工作的主要内容。第二，1957 年苏联发射了人类社会历史上的第一颗人造地球卫星。人造地球卫星的运行开启了全球卫星通信时代。而在通信时代中，决定价值增长的将不再是资本，而是信息，同时信息的价值增长不再通过物质生产性劳动，而是通过知识。同年，日本经济学家松田米津在其发表的《信息社会》一书中也指出，信息社会有五个基本特征。那就是，第一，信息社会发展的核心是电脑。第二，在信息社会中，电脑的发展带来了信息革命，而信息革命又催生了大量的科学技术和基于信息的知识情报。第三，电脑成为社会结构变革的基础性节点。第四，信息社会的主导工业是智力工业，核心是知识工业。第五，信息社会的发展目标是知识公有。

其次，1985 年美国社会学家埃弗雷特·罗杰斯（Everett Rogers）和朱迪思·拉森（Judith Larson）在合著的《硅谷热》（*Silicon Valley Fever*）一书中提出反对意见。罗杰斯和拉森认为，美国的信息社会开始于 1973 年的石油危机。1973 年石油输出国中断了世界原油的供应，这标志着工业时代赖以生存的廉价能源时代结束了。1973 年之后，发达资本主义国家开始把信息作为驱动社会发展的重要因素。信息代替能源，标志着信息社会的开始。

根据以上信息社会的定义，对比过去 70 年与信息社会相对应的社会发展，我们可以发现，智能社会和信息社会的相同点表现在智能社会和信息社会都强调新科学技术引起的产业变革和社会整体的变革。但是，二者的不同点是更明显的。具体体现在以下三方面：第一，逻辑起点不同。智能社会对应的是 2010 年前后的人类社会发展，信息社会对应的是 20 世纪 50—70 年代的人类社会发展。第二，发展实际不同。智能社会的发展有产业、技术、社会生态的全面支撑，而信息社会的发展更多体现在产业方面。第三，对应的社会对象不同。智能社会的发展涵盖的范围较广，既有被国际货币基金组织（International Monetary Fund, IMF）认定为发展中国家，又有被 IMF 认定为发达经济体的国家，而信息社会的发展主要对应的是经过第三次科技革命的发达经济体。第四，从信息社会的发展历史来看，信息社会是资本主义国家工业社会的一个发展阶段。这一阶段的特征已经被人工智能技术的大规模社会应用所取代。

与信息社会相区别的是，智能社会概念与数字社会概念之间存在一定的区别和重合。数字社会主要是指受数字技术影响而产生变革的社会。这一概念与智能社会的重合性体现在两方面：第一，数字技术与人工智能技术具有一定的交叉性。数字技术（Digital Technology）是指与电子计算机相伴相生的科学技术。从一般意义来讲，数字技术是指借助一定设备，识别各种信息，并将这些信息转化为二进制数字"0"和"1"后进行存储、加工、运算、传送的技术。数字技术不仅是人工智能技术的底层支撑，而且拥有与人工智能技术几乎相同的发展历史。第二，数字社会与智能社会发展过程重合。数字社会的概念产生于 2010 年后，与成为唯物史观研究对象的智能社会概念几乎同步。而在各类研究文献中，数字社会（Digital Society）与智能社会所指涉的内容几乎相同。

然而，数字社会与智能社会的不同之处在于，数字社会所指涉的范围更具体。如 2021 年我国发布的《中华人民共和国国民经济和社会发展第十四个五年规划和 2035 年远景目标纲要》（以下简称《规划》）

中指出，"加快建设数字经济、数字社会、数字政府"①。这里的数字社会是指与经济、政府等相对应的社会生活领域，而不是唯物史观意义上涵盖生产力、生产关系、经济基础和上层建筑的社会整体。这一判断在《规划》的第十六章被进一步表达为，加快数字社会建设步伐需要"数字技术融入社会交往和日常生活的新趋势"②。此外，学者研究指出，数字社会与智能社会的最大区别体现在，智能社会的生产力发展强调了"对事物'观念改造'过程的自动化"③ 部分。正是因为包含了人工智能技术对社会的大规模改造而呈现的生产自动化部分，智能社会比数字社会的概念范围更广，可探讨的内容更丰富。在智能社会中，人工智能技术已经成为推动社会进步和变革的重要力量。它不仅可以自动化处理大量烦琐的任务，提高生产效率，还可以在更广泛的领域中发挥作用，如医疗、教育、娱乐等。通过人工智能技术的应用，人们可以更加高效地解决复杂问题，并且能够获得更加精准、个性化的服务。

相比之下，数字社会的概念相对较狭窄，主要强调的是信息技术和数字化技术的应用，以实现信息的高效传递和处理。虽然数字社会已经取得了显著的进步和发展，但是在面对复杂问题和大规模改造时，其表现可能会受到一定的限制。

综上所述，智能社会和数字社会在生产力发展方面存在明显的差异。智能社会强调了自动化改造过程中的"观念改造"，并通过人工智能技术的应用实现了更广泛的生产自动化和服务个性化。因此，智能社会的概念范围比数字社会更广泛，其可探讨的内容也更加丰富多样。

---

① 中华人民共和国国民经济和社会发展第十四个五年规划和2035年远景目标纲要[EB/OL]. 共产党员网，2021-03-13.
② 中华人民共和国国民经济和社会发展第十四个五年规划和2035年远景目标纲要[EB/OL]. 共产党员网，2021-03-13.
③ 张建云. 马克思劳动理论视域下人工智能的本质及价值分析[J]. 学术交流，2021(10)：15.

第三节　认识智能社会的唯物史观工具

智能社会因人工智能技术的大规模社会化应用而产生，因第四次工业革命而发展，学者们将其视为一个客观的历史过程。要正确认识这一客观历史过程，我们必须借助唯物史观的相关原理包括对一定社会形态的生产方式，与之相适应的生产关系、社会基本矛盾以及人的发展三个阶段的深入理解。

一、生产力—生产方式—生产关系原理

生产力、生产方式、生产关系是唯物史观考察人类社会的基本概念。这三个概念之间的生产力—生产方式—生产关系原理由吴易风教授提出。吴易风教授认为，广义上来看，人类社会中生产力的发展引起生产方式的变化，进而引起生产关系的变化。"马克思从《德意志意识形态》到《资本论》一以贯之使用'生产力—生产方式—生产关系'原理"[1] 来进行社会形态研究。但有学者指出，在这一原理中值得注意的是，这种"引起"关系是一种"'逻辑学'意义上的因果关系，而不是'发生学'意义上的因果关系"[2]。生产力发展对于生产方式、生产关系的传导作用是马克思对于社会现象的本质抽象。其中，生产力、生产方式和生产关系三者之间的关系体现为"构成特定社会形态的'总体

---

[1] 郭冠清. 回到马克思：对生产力—生产方式—生产关系原理再解读 [J]. 当代经济研究，2020（03）：8.

[2] 王峰明. 对生产力一元决定论的反思与新释 [J]. 马克思主义研究，2012（10）：91.

关系'，也是对这种总体关系的'总'的思维把握"①。

马克思在考察人类社会发展，尤其是资本主义社会时使用了"生产力—生产方式—生产关系"原理。他在《资本论》中通过分析资本主义生产力发展带来的从工场手工业向机器大工业的生产方式的变革，分析了绝对剩余价值的产生，以及资本主义生产关系的形成。马克思对资本主义社会形态的考察可以分为三个部分：第一，从生产性劳动的角度切入，通过分析劳动过程中生产资料的变革，探讨生产力提高对生产方式产生的动态影响。马克思在《经济学手稿（1961—1963）》中指出，"首先应当指出，这里所说的不是［工具与机器之间］在工艺上的确切区分，而是在所使用的劳动资料上发生的一种改变生产方式、因而也改变生产关系的革命"②。社会生产力的发展，导致大规模的劳动分工与社会协作。而分工与协作进一步地提升了劳动生产率，提高了人们的生产能力。第二，生产力的发展促进了劳动形式和劳动组织方面的变革。人们在生产活动中，日益按照理性、科学的方式组织起来。在劳动形式方面，随着技术的进步和工业化的加速，传统的体力劳动逐渐被自动化和机器人化所取代。人们在生产过程中不再需要过多的体力劳动，而是更加注重脑力和智力的发展。同时，在劳动组织方面，理性、科学的方式逐渐成为主导。第二次工业革命时期，工厂开始采用流水线生产方式，使生产过程更加有序和高效。这种生产方式的出现，不仅提高了生产效率，也使生产过程中的协调和配合变得更加重要。此后，随着信息技术的发展和管理理论的完善，企业开始采用更加科学的管理方法，如精益生产、六西格玛等，这些方法不仅提高了生产效率，也降低了生

---

① 王峰明.对生产力一元决定论的反思与新释［J］.马克思主义研究，2012（10）：91.
② 中共中央马克思恩格斯列宁斯大林著作编译局.马克思恩格斯全集：第47卷［M］.北京：人民出版社，1960：412.

产成本和提高了产品质量。马克思指出"现代工业通过机器、化学过程和其他方法,使工人的职能和劳动过程的社会结合不断地随着生产的技术基础发生变革"[1]。第三,生产方式的变化,导致了生产关系的变化。在传统工业生产中,工厂主通过机器和工人来制造产品。这种生产方式的特点是规模化、高效化,工厂主要关注的是如何通过大规模生产来获得更多的利润。占有生产资料、谋求利润的工厂主是资本的人格化身,与出卖劳动力的工人相互对立。而在智能社会中,智能技术、智能生产要素成为新的经济增长动力,占有这些技术和要素的人在生产领域将占据优势地位,改变生产环节中人与人之间的经济关系,左右已有的分配方式,变革人们在社会经济结构中的地位,生成新的生产关系。

质言之,生产力—生产方式—生产关系原理对把握智能社会的历史定位具有启发性意义。智能社会是一种技术社会形式,人工智能技术大规模社会应用对社会发展的影响需要以生产力中的生产资料变革为切入点展开分析。换言之,从"量"和"质"的方面分析智能生产力的要素、结构和作用方式,才能准确把握智能生产方式的变化,进而才能把握智能生产关系及其变革性的影响。这为我们从整体性上锚定智能社会的发展,提供了理论上的依据和客观分析的基础。

二、社会基本矛盾原理

马克思曾公开宣称自己是黑格尔的学生。矛盾在黑格尔的辩证法中是推动事物发展的"内在的生命的原则"[2]。这种原则运用在唯物史观领域就是,马克思将规定事物自身的矛盾视为推动事物发展的动力。社会领域规定人类社会本质的矛盾是社会基本矛盾。社会基本矛盾是生产

---

[1] 中共中央马克思恩格斯列宁斯大林著作编译局. 马克思恩格斯文集:第5卷[M]. 北京:人民出版社,2009:560.
[2] 高斯扬. 论黑格尔辩证法中的内在关系[J]. 理论月刊,2014(07):22.

力和生产关系的矛盾、经济基础和上层建筑的矛盾,以及它们之间的运动关系。

生产力是社会基本矛盾运动中最基本的动力因素,是决定人类社会发展和进步的最终力量。马克思指出,"各种经济时代的区别,不在于生产什么,而在于怎样生产,用什么劳动资料生产"①。生产力有广义和狭义之分。广义的生产力出现在《德意志意识形态》中,是指人们控制和改造自然的物质和精神的各种能力的总和。狭义的生产力是指在人们具体的生产过程中控制和改造自然的客观物质力量。这种生产力是划分经济时代的主要标志。马克思在《资本论》第一卷中界定了狭义生产力的构成要素。他指出"劳动生产力是由多种情况决定的"②,主要包括工人的平均熟练程度、科学的发展水平、科学在工艺上的应用和实现程度、生产过程中科学与社会结合、自然条件等。狭义生产力(劳动生产力)既包含劳动者的熟练程度、劳动工具在工艺上的科学发展水平和劳动对象,也包含它们在管理、科学、自然条件下的组合。这些要素通过劳动者的劳动活动,有机组合在一起,共同构成了判断社会经济时代的标志。

生产力是社会存在和发展的物质基础,是客观存在的物质力量和历史活动的前提,生产力代代相传。生产力是社会进步"归根到底"的尺度。人类社会在生产力与生产关系的矛盾运动中前进。生产力和生产关系矛盾中体现的人与自然的关系以及人与人的关系规定了人类社会发展最基本的内容。

而与生产力归根到底的决定意义相对应的是,生产力和生产关系的

---

① 中共中央马克思恩格斯列宁斯大林著作编译局. 马克思恩格斯文集:第5卷[M]. 北京:人民出版社,2009:238.
② 中共中央马克思恩格斯列宁斯大林著作编译局. 马克思恩格斯文集:第5卷[M]. 北京:人民出版社,2009:81.

矛盾决定着社会中其他矛盾的存在和发展。在社会基本矛盾的运动中，生产力和生产关系的矛盾是更基本的矛盾，它决定经济基础和上层建筑的矛盾的产生和发展。经济基础和上层建筑的矛盾是指经济基础和上层建筑之间的相互作用关系。经济基础是一定社会历史时期内由生产力所决定的生产关系的总和。马克思在分析社会历史变革的过程中曾指出，生产关系或经济基础的变化，不仅决定于生产力的发展，而且受制于社会意识形态和政治法律制度即上层建筑的变化或变革。马克思在《路易波拿巴的雾月十八日》中曾指出，基于经济利益阶级冲突与斗争的加剧是二月革命爆发的原因。但当时法国社会内部错综复杂的阶级斗争、阶级力量的对比状况和无产阶级的不成熟，从一开始就决定了它不像1789年大革命那样沿着上升线发展，而是开起了历史的"倒车"。马克思认为，上层建筑会反作用于经济基础，当上层建筑具有适应新的经济基础的条件和能力时，唯有通过社会革命和阶级斗争，才能现实地促进经济和社会的进步；而当上层建筑不适应经济基础状况并阻碍生产力的发展时，只有解决了经济基础和上层建筑的矛盾，才能解决生产力和生产关系的矛盾。

三、人的发展三阶段理论

人的发展是指人的全面自由发展，不仅包括作为社会主体的每一个人在个性、道德、能力方面的全面发展，而且包括作为整体的人类在物质生产、社会交往等方面的完善。马克思将人的发展诉诸历史发展领域。马克思在《政治经济学批判（1857—1858年手稿）》中指出，人的发展在社会历史的进展中将经历"人的依赖关系""物的依赖关系"以及未来"自由个性"三个阶段。这三个阶段分别对应着不同的人类社会发展状态。

首先，"人的依赖关系阶段"的客观物质生产基础是自然秩序以及建立在这种秩序上的人与人的关系。这一阶段人的依赖关系体现在物质生产方面是共同的劳动方式。基于这种共同的劳动方式，在人与人的关系层面出现了氏族、部落、家庭、宗族、民族形式，具体分为亚细亚形阶段、古典古代阶段和日耳曼阶段三个阶段。在亚细亚形式阶段，作为个体的人通过联合，面对共同的自然资料、使用共有的工具、在公有的土地上进行生产。马克思称这一时期的"劳动过程本身具有共同性"①。但是，这种基于共同劳动方式的共同体形式并非一成不变，"劳动主体所组成的共同体，以及以此共同体为基础的所有制，归根到底归结为劳动主体的生产力发展的一定阶段"②。随着生产力的发展尤其是分工劳动的发展，自然共同体也随之发生了阶段性的变化。古典古代阶段，生产力的发展使个体的生存技能增进，产生了"为直接消费而从事劳动的小农业；作为妻女家庭副业的那种手工业（纺和织）"③。而农业和手工业的分离重构了个体维持现实生产生活的劳动客观条件，使个体在共同农业劳动的基础上，发展出了以分工劳动为基础的不同劳动方式，使自然共同体进入了日耳曼阶段。这显示出，共同的劳动方式是个体构成自然共同体的前提，但生产力发展重构了个体的劳动方式，为自然共同体的改变提供了动力。

从人们的交往形式来看这个阶段，个体主要通过共同所有关系构成相互联系。如在亚细亚形式阶段，个体在公有土地上进行共同劳动而实际占有劳动的产物。这种产物的分配在所有制关系上是属于共同体整体

---

① 中共中央马克思恩格斯列宁斯大林著作编译局. 马克思恩格斯文集：第8卷[M]. 北京：人民出版社，2009：125.
② 中共中央马克思恩格斯列宁斯大林著作编译局. 马克思恩格斯文集：第8卷[M]. 北京：人民出版社，2009：146.
③ 中共中央马克思恩格斯列宁斯大林著作编译局. 马克思恩格斯文集：第8卷[M]. 北京：人民出版社，2009：128.

的，个体只有"作为这个共同体的成员，才能把自己看成所有者或占有者"①。然而生产力的发展使生产剩余出现，个体和他的家庭逐渐成为占有生产剩余的私有者。这使得在财产所有形式方面出现了国家和私人并列的双重所有制，即公社财产和私有财产相分离，个体既是私有者又是公社成员，共同体既是私有者的联合又是调节和保障分配、交换关系的中介。因此，这一时期个体通过依靠现实的共同利益相互联系。而到日耳曼阶段，独立的家庭构成一个经济整体，公有地成为个人财产的补充。这时个体通过"联合而不是联合体"②。在所有制层面，私人所有成为主体，公有制成为其补充的形式。这意味着，社会生产单位同消费单位之间产生分离，产品的分配和交换由此发展和扩大，私人地租和公共税收分离，导致以产品共同所有为主要交往形式的自然共同体走向解体，进入"物的依赖关系"第二阶段。

其次，"物的依赖关系"阶段的物质基础是"市民社会与国家相分离，市民社会决定政治国家"③。这一阶段人对物的依赖关系的形成有两个条件：第一，从物质生产的角度来看，社会化大生产是个体依赖于物的基础。马克思指出，这一时期"每个人的生产，依赖于其他一切人的生产"④。这种个体依赖于其他人的生产集中表现在技术进步使生产资料实现了技术上的统一。劳动组织的变革使个体劳动从属于社会生产。鉴于上述在劳动过程中的分工和协作，社会化大生产成为个体依赖

---

① 中共中央马克思恩格斯列宁斯大林著作编译局. 马克思恩格斯文集：第8卷 [M]. 北京：人民出版社，2009：124.
② 中共中央马克思恩格斯列宁斯大林著作编译局. 马克思恩格斯文集：第8卷 [M]. 北京：人民出版社，2009：131.
③ 徐斌，巩永丹. 马克思共同体理论的历史逻辑及其当代表现 [J]. 马克思主义与现实，2019（02）：62.
④ 中共中央马克思恩格斯列宁斯大林著作编译局. 马克思恩格斯全集：第46卷上 [M]. 北京：人民出版社，1979：102.

于物的客观基础。

而这一阶段从交往形式来看,个体通过以生产资料私人所有为基础的生产、交换、分配和消费关系与物(商品、货币、资本)紧密相连。马克思指出社会化大生产条件下生产资料私人所有,瓦解了劳动者在劳动过程和劳动产品所有权方面的同一性。一方面,劳动者不再是劳动过程的所有者,而成为只能出卖劳动力的雇佣工人;另一方面,劳动者也不再是自身劳动产品的所有者,而成为价值增值过程中的一个要素。这不仅使劳动过程脱离劳动者自身而从属于雇佣他们的资本,而且物质生产劳动与占有剩余劳动的资本增殖规律贯穿于生产关系的各个环节。同时,由于资本无限制的增殖运动,不断打破时空限制,把一切人与物都不断地卷入资本增殖的生产结构中,成为人们无法控制的力量。马克思指出,这一时期个人之间交往联系看似"自由"实则"更不自由,因为他们更加屈从于物的力量"[1]。而"这种联系的形成同时已经含着超越它自身的条件"[2]。一方面,它必将在物质生产不断社会化的过程中,丧失生产资料私人所有的历史合理性;另一方面,它也会使资本有机构成不断提高、周期性经济危机频频出现以及世界范围内无产阶级发出行动,实现否定超越,完成个体与共同体之间的真正联合。

最后,第三种社会形态,即"每个人的自由发展是一切人的自由发展的条件"[3]的物质前提有两个。第一,从物质生产的角度来看,只有超越强制分工劳动、创造自由劳动时间的生产力,才能确保个性个体

---

[1] 阿尔都塞,巴里巴尔. 读《资本论》[M]. 李其庆,冯文光,译. 北京:中央编译局出版社,2017:572.
[2] 中共中央马克思恩格斯列宁斯大林著作编译局. 马克思恩格斯文集:第8卷[M]. 北京:人民出版社,2009:56.
[3] 中共中央马克思恩格斯列宁斯大林著作编译局. 马克思恩格斯文集:第2卷[M]. 北京:人民出版社,2009:53.

的真正产生，"自我异化的扬弃同自我异化走的是同一条道路"①。大工业机器体系和工厂制度既可成为资本主义资本增殖规律的帮凶，但也可为破除这种状况提供可能，而这取决于两方面：一是，无产阶级变革资本主义生产关系的行动；二是，社会是否"由社会全体成员组成的共同联合体来共同地和有计划地利用生产力"②。

而从社会交往的角度来看，个体实现全面自由发展还需要"重建个人所有制"来保障。"重建个人所有制"不是一句空泛的口号，而是根据不同生产力发展阶段而做出的制度安排。共产主义发展的第一阶段，在生产资料集体所有的基础上，消费资料在生产者之间的分配原则是等量劳动交换。虽然这种交换原则仍具有资产阶级性质，但因强调劳动者的劳动所有权，所以具有进步意义。到了共产主义发展的第二阶段，由于生产力发展消灭了强制的社会分工，个体劳动已不是谋生手段，而是生活的第一需要和存在的第一要义。这一阶段重建个人所有制意味着，在生产资料公有制基础上按照满足个人对自身生命的支配和全面自由发展的需要，建立消费资料可属私有的"个人所有制"（在真正共同体中，消费资料可分属个人和共同体，但其实际分属结构会不断变化）。这样才能"建立在个人全面发展和他们共同的、社会的生产能力成为从属于他们的社会财富这一基础上的自由个性"③。

综上可知，马克思将人的历史发展三阶段视为判断社会形态的一种基本方式，但这种判断也需要将人的物质生产方式以及与之相关的交往方式作为基本依据，唯有细致考察了二者之后，才能判断人的历史发展

---

① 中共中央马克思恩格斯列宁斯大林著作编译局. 马克思恩格斯文集：第1卷 [M]. 北京：人民出版社，2009：182.
② 中共中央马克思恩格斯列宁斯大林著作编译局. 马克思恩格斯文集：第1卷 [M]. 北京：人民出版社，2009：689.
③ 中共中央马克思恩格斯列宁斯大林著作编译局. 马克思恩格斯文集：第8卷 [M]. 北京：人民出版社，2009：52.

以及与之相应的社会发展阶段。人的发展理论为唯物史观视域下智能社会的历史定位研究提供了包括理论、价值和历史三方面的参考。理论参考是指判断智能社会的历史定位需要考察其中人在物质生产领域、社会交往领域的状态；价值参考是指要以人的全面发展为旨归，从人的类属性和个体两方面，判断智能社会的发展；历史维度是指要从人类社会发展的客观历史出发，从社会生产方式、人的交往方式的相互作用的关系中，判定智能社会的发展阶段。

第二章

智能社会带来的变革

智能社会作为唯物史观的研究对象的原因在于,它存在与以往工业社会不同的内容。这种内容就是智能社会产生的变革。从生产力的角度来看,这种变革主要体现为智能产业化和产业智能化过程中出现了数字劳动,数据成为生产要素、物理生产开始与数字生产相结合。从生产关系的角度来看,这种变革体现为各类平台主导产业、数据产品在经济活动中进行了价值交换和价值实现,智能经济和智能经济形态产生;从受经济基础影响的上层建筑来看,这种变革体现为智能社会场景的涌现等。

第一节 生产力方面

生产力是马克思划分人类社会发展的一个基本标志。马克思指出,"各种经济时代的区别,不在于生产什么,而在于怎样生产,用什么劳动资料生产"①。与工业社会的生产力相比,智能社会在数字劳动、生产要素、生产形式方面产生了变化。

---

① 中共中央马克思恩格斯列宁斯大林著作编译局. 马克思恩格斯文集:第5卷 [M]. 北京:人民出版社,2009:238.

一、数字劳动的产生

唯物史观认为，劳动是人的本质。生产性劳动是人类生存的基础。生产性劳动是构成生产方式的重要内容。近年来，国外学者，尤其是传播政治经济学的学者，认为数字劳动是区别智能社会与工业社会的重要因素。他们围绕着数字劳动的概念、特点及其异化表现展开了大量的论述，这些论述对于我们明确智能社会的变革具有重要的借鉴和批判意义。

需要首先明确的是，数字劳动目前并不是唯物史观中的一个规范性概念，数字劳动概念从诞生、发展至今"包含了不同的情况"[①]。数字劳动是否属于生产性劳动领域也仍在激烈的争论当中。就目前可以找到的材料来看，学界对数字劳动概念的理解有广义和狭义之分。广义的数字劳动是指包括数字媒介技术和内容的生产、流通与使用过程中涉及的脑力和体力劳动。这种数字劳动概念出现于 20 世纪 70 年代。支持这种概念的学者，主要从传统的劳动分工角度定义数字劳动。他们认为，数字劳动是维修和保证互联网通信技术正常运营的新兴职业，而数字劳动者则是维护互联网通信技术的人。数字劳动者保障了互联网通信技术公司的正常运行和可持续发展。如意大利学者蒂齐亚纳·泰拉诺瓦（Tiziana Terranova）就把数字劳动定义为"包括建立网站、修改软件包、阅读和参与邮件列表"[②] 的活动。

狭义数字劳动概念出现于 2010 年之后，是指人们运用互联网通信技术，被人工智能技术俘获的无酬劳动。这一概念来自英国传媒学者克

---

① 余斌. "数字劳动"与"数字资本"的政治经济学分析 [J]. 马克思主义研究，2021（05）：77.
② 曲家宝. 数字资本主义视域下劳动力再生产的新变化及其矛盾 [J]. 当代经济研究，2020（12）：13.

里斯蒂安·福克斯（Christian Fuchs）在 2014 年出版的著作《数字劳动与卡尔·马克思》(*Digital Labor and Karl Marx*)。这种数字劳动是指在非工作时间下，人们运用这种技术进行的不以劳动报酬为目的而产生了大量人类行为数据的活动。这种劳动包括用户浏览网页、检索标题、点赞、评论等。这些活动数据被互联网公司的大数据技术收集、利用，转卖和进行广告投放，提升了互联网公司的技术能力。

因本书探讨的是智能社会范畴，所以本书探讨的主要是与智能社会同时出现的狭义的数字劳动含义。针对这部分智能劳动的内涵、劳动方式和劳动过程，目前学者们仍在争论当中。学者们普遍认可的数字劳动内涵主要包括了数字媒介生产、流通与使用相关联的脑力和体力劳动。这种劳动具有二重性，即一方面它依靠物理（现实）世界的传统劳动形式来进行；另一方面它也体现为数字（虚拟）世界中人类的行为活动转化为数据，而数据通过资本化的形式，与人的生产性劳动相结合，转化为生产力的劳动。

以外卖骑手的运送劳动为例，数字劳动的双重性体现为送外卖的服务性劳动和产生数据的劳动。这两种劳动分属于两个不同的领域，一个是物理（现实）世界，一个是数字（虚拟）世界。在物理（现实）世界当中，外卖骑手进行劳动的是消费领域，对于人的现实生活的生产和再生产的劳动，这是一种有酬劳动；而在数字（虚拟）世界中，外卖骑手是在为数字平台组织提供大量可供开发和挖掘的行为数据，是一种尚未被界定的，甚至是不被一些马政经专家承认的无酬劳动。这两种劳动的过程，如果运用马克思主义政治经济学的范畴来看，可以被表现为下表。

	生产环节	分配环节	流通环节	消费环节
物理（现实）世界	厨师	外卖平台公司	快递骑手	点餐人
	做外卖	对接外卖订单	送外卖	买外卖
	外卖生产者	外卖转移者	外卖转移者	外卖消费者
数字（虚拟）世界	前生产环节	生产环节	分配环节	流通环节	消费环节
	快递骑手、餐厅、厨师、消费者	外卖平台公司的网络工程师、数据分析师、建模师	外卖平台公司	外卖平台公司	其他平台公司
	产生数据、被手机记录、收集数据	整理数据、完善算法、开发新算法	平台公司占有数据、算法和知识产权	使用算法提升外卖配送效率	数据交易、算法购买、定制广告购买
	生产要素数据资本化	生产者	占有者	转移者	消费者

资料来源：陈龙．"数字控制"下的劳动秩序：外卖骑手的劳动控制研究［J］．社会学研究，2020，35（6）：113-135，244．

从上表中，我们一方面可以看到快递骑手作为流通领域的配送者在物理世界是劳动者，另一方面可以看到他们，甚至每一个点外卖的我们作为被记录的数据"生产者"，在虚拟世界产生作为生产资料的数据的过程。正是由于这些被大量保存的作为"0/1"形式存在的数据，它们被平台公司免费收集、大量占有，通过资本化过程成为平台公司的网络工程师、数据分析师、建模师加工的生产资料，转化成了数据增值产品（如算法、个人定制广告）。而快递骑手的劳动在这一过程中的二重性，即一方面体现为物理（现实）世界流通环节的非生产性劳动，另一方面体现为数字（虚拟）世界前生产领域，生产数据的活动。就此，根据这两个环节，我们可以将数字劳动的劳动过程分成两个不同的层面。一是快递骑手在物理世界创造数据的非生产劳动层面。快递骑手的数据在物理（现实）世界中是依靠平台公司的软硬件来进行收集的，同时，这些数据以类似"废气"的形式存在，离开了平台公司的基础设施和数据工程师、数据设计师的开发，这些数据无任何经济意义上的价值含义。然而，这种无价值的核心是缺乏确权。就像土地一样，缺乏确权的土地只能被看成一种资源，而无法被看成具有明确归属的生产资料。这延伸出来的问题是数据是可被无限复制的非竞用性产品，不具有传统物品在所有权方面的独占性。与数据类似的是人类的知识。在这个意义上，可以参考知识产权的方式来为数据确权。这样可以给予类似快递骑手一样的数据提供者更多的保护，而不是被平台企业以"知情协议"的方式无偿占有。然而，数据产权与知识产权存在不同。数据具有附身性，大量的个人数据能够表现一个人的信息和特征。数据具有人格权属性。因此，确立和区分数据的人格权、用益权和所有权，是数字劳动在物理世界的非生产劳动中需要解决的问题。二是数字劳动的生产性层面，占有了数据的平台公司通过雇佣劳动者，如数据分析师、数据开发师和数据工程师，来清洗、整理、建模和创造一定的数据产品。在创造产品的过程中，数据分析师、开发师和工程师利用数据，借助数字技术（如算法、大数据）创造了如定制广告、商品竞价排名、营销推荐策略等软硬件产品或者服务。他们的劳动不仅形成了商品的使用价值，而且创造了价值。这表现了数字劳动在狭义领域的生产形式。

二、数据成为新型生产要素

数字技术让人们享受了更多便利，同时人们的劳动行为出现了物理世界和虚拟世界共存的双重性质，让人们的活动在网络空间中产生了大量数据。这些数据被网络平台与数据公司收集、清洗和整理，同时经过网络工程师、数据分析师、建模师的重新整理计算和再利用，形成数据产品，为网络平台公司和数据分析公司带来几乎取之不竭的收益。数据作为新型生产要素开始成为智能社会区别于传统工业社会的标志。

事实上，2015年5月时任阿里公司董事局主席的马云就曾指出"数据将成为主要的能源"[①]。2015年以来，随着数字平台公司越加掌握数据，越加挖掘和开发数据的增值功能，2019年，党的十九届四中全会通过《中共中央关于坚持和完善中国特色社会主义制度推进国家治理体系和治理能力现代化若干重大问题的决定》（以下简称《决定》）。《决定》指出"健全劳动、资本、土地、知识、技术、管理、数据等生产要素由市场贡献评价机制"[②]。

从理论角度来看，数据是"以0和1二进制单元表示的信息"[③]。数据成为智能社会生产要素是在人工智能技术的大规模社会化应用下，人工智能技术在"数据+算力+算法"方面的显著提升。2010年以来，人工智能技术及搭载了人工智能技术的智能数码物逐渐渗透到经济和社会的各个层面，人类所有的活动开始被数据搜集设备以数据的形式记录、分析和处理。截至2020年3月，我国网民规模为9.04亿人[④]，这些网民和日益增多的智能设备产生了海量数据。而这些数据不仅成为人工智能技术发展的"养料"，促进了技术的进步和发展，而且使传统行业在人工智能技术的赋能下，实现了更大范围的"智能+"和互联互通。伴随着人工智能技术与经济活动的不断融合，大规模的数据逐渐在深度学习、大数据计算等人工智能技术的作用下转化为可以促进经济发展的知识，而这种转化使数据从辅助性资源中独立出来。按照美国经济

[①] 马云贵阳数博会演讲频爆金句：未来30年是最佳换道超车时代[EB/OL].中国经济网，2017-05-26.
[②] 中共中央关于坚持和完善中国特色社会主义制度 推进国家治理体系和治理能力现代化若干重大问题的决定[EB/OL].中国政府网，2019-11-05.
[③] 高斯扬，程恩富.监控资本主义视域下的技术权力探析[J].内蒙古社会科学，2020，41（04）：55-62.
[④] 中国互联网络信息中心（CNNIC）.第45次《中国互联网络发展状况统计报告》[EB/OL].中华人民共和国国家互联网信息办公室，2020-04-28.

学者唐·泰普斯科特（Don Tapscott）在《数据时代的经济学》中指出的，智能社会中各环节的海量数据已不再是传统数据处理程序的累赘，而是新的资产。

从数据的生产流程来看，作为生产要素的数据有三个主要来源。第一，数据主要来自人们的主动行动。这种行动主要表现为人们的数字化社交、数字化经济行为、数字化表达等。这些人类行为经过智能技术的二进制编码，成为数据。第二，数据来自智能设备对人的行为活动的自动抓取。如果说数字劳动是一种人类相对主动的活动（如数字化社会活动中的点赞、发朋友圈、内容创作），那么随着智能设备和智能技术的大规模普及，被智能感知器（如智能手机的自动定位、社交APP的智能算法）所捕获的人类行为，也成为数据的来源。这些数据是被智能采集器、智能设备自动抓取和处理的人类行为，而且这种抓取很可能不被人们意识到。第三，数据来自人工智能技术通过深度学习、卷积神经网络的算法处理。与传统生产要素相比，数据不具备竞用性，数据可以被多维度分析和反复使用。数据是人工智能技术的"养料"，随着人工智能硬件的发展，海量的数据不仅可以帮助人工智能系统更精确地识别各种数据，而且可以帮助人工智能系统实现算法更新和更精确的数据建模。这种更新和迭代的过程，就是人工智能技术深度学习、卷积学习的基本工作原理。这种原理推进了人工智能技术对数据的利用，即智能算法根据不同使用目的，对数据进行的二次、三次甚至多次处理。如美国的爱彼迎（Airbnb）公司，它本身是一家短租、公寓、民宿的租赁网站。但是这家网站把收集到的订房人的行程、消费、起居数据，打包卖给数据分析公司。数据分析公司分析、建模和处理了这些数据后，卖给面对消费者的销售平台。而这些销售平台根据这些数据反映出的用户基本行为规律进行定制化销售、广告和推送，促使用户消费。处理过程产生了新的更具目的性的数据，即商业公司表示的要"以数据构筑未来商业基础设施"①。

从数据在生产方式中发挥作用的方式来看,数据作为生产要素,是通过与人的生产性劳动相结合,进而形成精神生产力来发挥作用。尽管数据从外在表现上来自智能技术的抓取、处理、建模。但数据并不能单独产生作用,而是需要依附工程师、建模师、人工智能技术相关行业的操作人员的技术化处理。目前的人工智能技术仍处于专用人工智能技术阶段,这一阶段人工智能技术的运转不能离开科学家、工程技术工作人员的集体脑力劳动。马克思曾指出,"一切生产力即物质生产力和精神生产力"②。以往工业社会时期,人类的物质生产主要依靠机器放大、增强人类的体力劳动,从而推动生产力在"量"的方面实现增长。而进入智能社会时期,数据只有与人的劳动相结合,通过人对数据的处理和调整,才能汇集成有用的信息和知识。这就意味着,数据在生产过程中形成使用价值,数据经过了与生产性劳动相结合的"数据—信息—知识"③的转化过程。数据自身无法独立创造价值,而是必须在人工智能技术智能算法、算力的支撑下,通过生产过程中与人的劳动的结合,转化为精神生产力,才能实现智能社会生产方式的变革。

三、物理生产与数字生产相结合

数据的积累间接提升了人工智能技术的软件和硬件能力。而提升后的人工智能技术具备了与社会生产相结合的基本要素,激发出物理生产与数字生产相结合的生产形式。物理生产与数字生产相结合是指人工智能技术作为渗透性因素与物质生产过程的各个要素深度结合。这种结合

---

① 孟宪坤. 马云:数据驱动未来 [M]. 北京:当代中国出版社,2020:04.
② 中共中央马克思恩格斯列宁斯大林著作编译局. 马克思恩格斯全集:第46卷上 [M]. 北京:人民出版社,1979:173.
③ 戚聿东,刘欢欢. 数字经济下数据的生产要素属性及其市场化配置机制研究 [J]. 经济纵横,2020(11):66.

主要体现为三方面。

其一，搭载了人工智能技术（如大数据、云计算、卷积神经网络、边缘计算、自然语言交互等）的智能操作机在物质生产过程中能够借助广泛存在且被大量使用的传感器、嵌入式终端系统、智能控制系统等形成智能网络并能够实时上传数据，进行自动计算和参数调整。例如，在制造业中，智能操作机可以通过传感器和嵌入式终端系统获取生产线上各个设备的运行数据，然后进行数据分析和处理，根据分析结果自动调整生产参数，优化生产过程，提高生产效率和产品质量。又如，在电力行业中，智能操作机可以通过自然语言交互技术接收用户输入的故障信息，然后利用云计算和边缘计算技术进行故障诊断。再如，在物流行业中，智能操作机可以通过智能网络实现仓库内各个设备之间的互联互通和数据共享，实现仓库整体运作的智能化和高效化。同时，借助大数据技术和卷积神经网络算法对货物进行精准分类和仓储优化，提高物流效率和客户满意度。

其二，这种系统体现为生产设备、控制设备、运营中心、产品分析平台等生产节点组成的结构。这种系统是通过将物理世界中的生产设备附上多种传感器，将它们收集到的数据发送到云端，在云端建立"虚拟世界"，进行与设备、生产过程、产品相关的模拟、预测等运算。这种生产可以协调多种传感器感知物理生产的状态，可以通过计算物理生产状态的数据，运用智能算法，制定生产策略，发送控制指令，指挥各执行器，让它们能够协同控制物理世界。

其三，部分学者以产业的技术创新集群为基础，通过产业之间的彼此协同、依赖，形成社会生产的网络，来描述这一生产力形式。这种新的生产力形式不仅体现为包括物理世界中带有多种传感器、进行生产的智能机器，也包括将它们收集到的数据发送到云端，在云端建立起设备或产品的"虚拟世界"的智能平台，还包括执行智能机器决策的劳动者。

事实上，物理生产与数字生产相结合最直观的表现就是智能工厂。目前智能工厂是一种将智能生产的数字世界和物理世界相互融合的重要场所。在智能工厂中，物理世界的生产机器、数字存储设备，虚拟世界的数字系统和生产手段构成了一个相互交织的网络。在这个网络中，各种信息能够进行实时交互。同时，智能工厂还能给出各种可行性方案，再根据预先设定的优化准则而选出最佳方案。这种以信息技术为基础，整合软硬件的系统又称为嵌入式生产系统（如下图）。

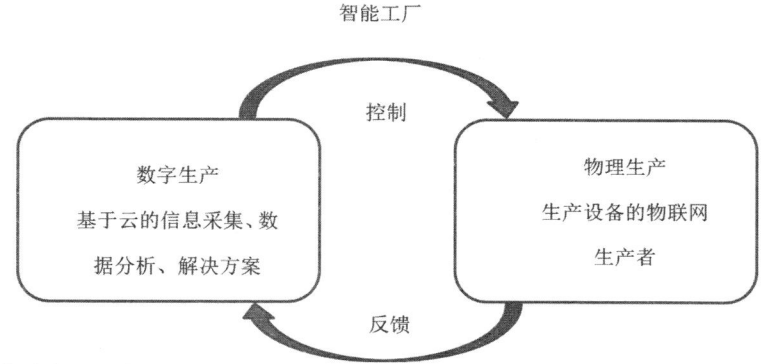

智能工厂

资料来源：森德勒. 工业4.0：即将来袭的第四次工业革命［M］. 邓敏，李先民，译. 北京：机械工业出版社，2014：44.

从实际落地情况来看，物理生产与数字生产相结合在现实生产过程中最主要的应用就是在工业生产中。而这种工业生产在各个国家的情况不尽相同。智能生产力系统在美国最主要的应用是工业互联网。2012年11月，美国通用电气公司（General Electric Company，简称GE）发布白皮书《工业互联网：打破智慧与机器的边界》，提出工业互联网概念。书中将工业互联网描述为"工业革命的成果及其带来的机器、设施和系统网络"① 与互联网革命的最新成果（智能设备、智能网络和智能决策）的融合。这种融合的直接表现是工业生产过程中信息技术和操作技术的"合二为一"。2014年3月，美国电话电报公司、美国思科系统公司、GE、Intel和IBM在美国波士顿联合发起工业互联网联盟。这一联盟通过协同策划，截至2021年年底已经开发出了搭载智能信息技术的用于手持设备资产定位与追踪的测试床、面向软件定义的工业互联网基础架构和提供工厂环境仿真及决策流程可视化的测试床等。

德国工业制造中，物理生产与数字生产相结合最主要的表现是信息物理系统（Cyber Physical Systems，CPS）。这一系统是以分布式、自组织的系统观念为主导，强调给生产机器装上感应芯片，用信息化的技术掌握、复现、调整整个生产流程，实现相互融合的信息管理和物质生产。这种运用智能技术对生产制造设备的连接、生产制造系统和信息管理系统之间的连接、生产设备和生产物料之间的连接，将生产制造过程中所有的参与者为与其所涉及资源之间建立起了一种全面的交互网络。位于德国安贝格的西门子工厂就是个很好的实例。该工厂负责生产Somatic系列的可编辑逻辑控制器（Programmable Logic Controller，PLC）。可编程逻辑控制器实现了生产流程的数字化、仿真化和自动优化。这一控制器运用的系统能够做到在一分钟之内更改产品和工序。同时，该系统会通过数据矩阵扫描器和RFID芯片，每天自动采集产品信息，上载到上位系统和中央系统中，这样中央系统就可以控制每一件商品的信息，确保数据的一致。如产品在某一过程未通过检验，中央系统和控制系统将会对其进行程序干涉。这种采集和计算有一百多万次。德国技术协会称，运用了信息物理系统的智能工厂是对以往物质生产的"彻底

---

① 通用电气公司（GE）.工业互联网：打破智慧与机器的边界［M］.北京：机械工业出版社，2015：10.

变革"①。德国技术协会甚至指出，这种新的生产形式可以在原有生产力的生产基础上提升20%的生产效率。

我国工业制造领域，物理生产与数字生产相结合的表现是智能制造。智能制造是一种相对工业社会机器大工业而言的新一代生产力形式，体现了信息通信技术与先进制造技术深度的融合。我国发展智能制造，既依托优势企业，又坚持政府引导。事实上，2015年以来除了中央层面制定的各类政策，各个地方政府主动对接国家要求，积极作为。"目前，我国已逐步形成四大智能制造装备产业集聚区"。②

第二节 生产关系方面的表现

在智能社会中，生产关系层面的变革体现为数字平台成为新的经济组织形式。随着科技的飞速发展，数字平台已经逐渐成为现代经济活动的重要支柱。它们通过利用先进的信息技术和算法，将海量的数据转化为有价值的资源，并以此为基础产生出各种数字化产品和服务。数字平台经济产生的数据产品具有独特的使用价值，这些产品在交换过程中实现了价值的转换和增值。数字平台通过收集和分析用户数据，能够更好地理解用户需求，提供更加精准的产品和服务。同时，数字平台也通过与其他企业的合作和竞争，不断优化自身的业务模式和产品创新，推动整个社会经济的发展。智能经济的崛起，不仅改变了传统的生产方式和商业模式，也深刻影响了社会的经济形态。在智能经济下，数据成为新

---

① 森德勒. 工业4.0：即将来袭的第四次工业革命［M］. 邓敏，李现民，译. 北京：机械工业出版社，2014：43.
② 《中国智能制造绿皮书》编委会. 中国智能制造绿皮书（2017）［M］. 北京：电子工业出版社，2017：9.

的生产要素，智能算法成为新的生产力，而数字平台成为新的经济组织形式。智能经济和智能经济形态的崛起，为人类社会带来前所未有的机遇和挑战。

一、数字平台成为新的经济组织形式

2010年后迅速崛起的数字平台成为智能社会的主要特征。数字平台是"收集、处理并传输生产、分配、交换与消费经济活动信息的一般化数字基础设施"①，以"高速网络+物品互联+计算资源+智能应用+数据资源"②为基础。过去10年，数字平台发展出了多样的类型。这些类型可以从不同的角度来划分。按照信息匹配方式来划分，"互联网平台类型可大致被划分为搜索平台、资讯平台、社交平台和消费平台四种"③；按照所交易的商品要素的种类来划分，可分为一般商品平台和生产要素平台。一般商品平台包括消费品平台（如淘宝网、拼多多）和生产资料平台（阿里巴巴）；生产要素平台包括金融平台（鲸准融资平台）、劳动力平台（猪八戒网）、技术平台（极客网）、信息平台（58同城）和房地产平台（贝壳找房）。按照产业领域来划分，可以分为工业大数据平台（航天云网、用友网络、华为）、农资电商平台（凡科商城）、服务业信息化平台（58同城）。按照商业行为来划分，"可分为交易平台和创新平台"④。交易平台的主要表现是以在线基础设施为代表的不同多方之间交换的双边或者多边市场。交易平台既表现为亚马

---

① 谢富胜，吴越，王升生. 平台经济全球化的政治经济学分析 [J]. 中国社会科学，2019（12）：66.
② 智能科技与产业研究课题组. 智能社会前瞻 [M]. 北京：中国科学技术出版社，2016：35.
③ 段鹏. 平台经济时代算法权力问题的治理路径探索 [J]. 东岳论丛，2020（05）：110.
④ United Nations Publications. Digital Economy Report 2019 [EB/OL]. UN–ilibrary，2024-06-10.

逊、阿里巴巴、脸书和易趣,也表现为受到智能技术带动而实现产业智能化的公司,如优步、滴滴出行或爱彼迎。创新平台以操作系统或技术标准的形式,表现为代码、技术开发、内容制作、信息交换为基础的开发应用程序和软件。

数字平台能够将经济中相互依赖的不同群体聚合在一起,形成点对点的连接,因此它成为智能社会中协调和配置资源的基本经济组织,也成为价值创造和价值汇聚的"中心"。数字平台的作用体现在,它不仅能够对接消费领域的需求,而且能够通过整合资源提升资源配置的效率,扩展社会的劳动分工和组织形式。2019年联合国贸易和发展会议发布的《2019数字经济报告》指出,占据市值总数三分之二的七个超级数字平台是微软、苹果、亚马逊、谷歌、脸书、阿里巴巴和腾讯。这些数字平台在竞争中实现了对社会生产和再生产活动的组织,实现了对社会生产关系的智能化变革,重塑了社会"原有的产业和产业组织活动"①。

数字平台作为新的经济组织形式,对社会生产和再生产活动的变革是通过市场经济的竞争实现的。马克思曾指出,在资本主义市场经济中,企业组织"只承认它们互相利益的压力加在它们身上的强制"②。各种不同形式的数字平台依靠资金、技术、脑力劳动者劳动力的大规模投入,通过市场竞争获得现有生产力水平下的优势地位,实现了数字平台规模效应、范围效应的扩张。这种过程体现为以下三个环节:

首先,数字平台在竞争活动中将工业社会的产业和产业活动组织整合纳入了数字经济平台的运行逻辑之中,实现了对非数字平台的支配。

---

① 谢富胜,吴越,王升生.平台经济全球化的政治经济学分析[J].中国社会科学,2019(12):67.
② 中共中央马克思恩格斯列宁斯大林著作编译局.马克思恩格斯全集:第44卷[M].北京:人民出版社,2001:412.

数字平台产生之初，只是直接面对消费者的"客户端"，并不直接参与物质资料的生产过程，但由于数字平台组织控制了物质生产和交换所需要的更加精确的"数据潜在生产力"（如上文提到的个人数据），因此，进行具体生产活动的非数字平台需要依赖数字平台展开生产活动，如美国的亚马逊平台允许世界各地的卖家在网站上营销商品，世界各地的买家也可以在网上通过检索购买。在这一活动中，数字平台组织的智能系统进入非平台领域，如亚马逊平台运用一系列运营分析工具，分析大规模的用户真实评价，提炼出了用户的核心需要，实现了"产品的具体化分析与研发"①。这使数字平台组织支配了非数字平台组织的生产、分配、交换和消费的过程，扩大了数字平台的影响。

其次，大数字平台通过资金、技术优势控制小数字平台，提升了自身的竞争能力。大数字平台是指具有提供基础算力和数据存储的平台，它们通常处于平台组织的最底层，提供的是基础的数据代码和巨大的数据存储空间，如苹果的 IOS 操作系统。而小数字平台指的是提供各类型开发工具和提供实际应用软件的平台组织，它们通常处于平台组织的中上层，直接面对用户的精确分类需要，如苹果商店（iTunes）中提供下载的软件（小平台组织）。大数字平台对小数字平台具有嵌套层级结构的控制关系。一方面大数字平台为小数字平台提供技术支持和数据环境，而小数字平台为大数字平台提供满足用户精确分类需要的新技术和分类数据；另一方面大数字平台由于其数据体量，"往往难以迅速开发和应对新的社会需要、革新技术和组织"②，而小数字平台组织直接面对客户具有创新动力，因此，大数字平台常会通过投资和收购具有一定

---

① 高斯扬，程恩富. 监控资本主义视域下的技术权力探析［J］. 内蒙古社会科学，2020，41（04）：55-62.
② 谢富胜，吴越，王升生. 平台经济全球化的政治经济学分析［J］. 中国社会科学，2019（12）：70.

规模的小数字平台来满足社会需要,进行技术更新。

最后,大数字平台通过垄断竞争,控制现在的生产与再生产过程的同时,也控制了未来生产与再生产的创新方向。在市场经济中,竞争是企业发展的动力。即便大数字平台具有先发优势,在垄断竞争中占据优势地位,但要想保持竞争力,大数字平台就必须不断建设包含内容更加广泛的平台形式,扩大自身的影响。美国的亚马逊和中国的阿里巴巴正是这方面的典型案例。亚马逊公司以自身的在线购物平台发展出了面对第三方的交易市场和物流服务,而随着自身影响力的提升,它还向云计算、云存储、云管理等方面进行业务扩张,开发了搭载第三方应用程序的智能设备等,逐步占领了社会生产和人的现实生活领域。中国的阿里巴巴通过面向零售客户的淘宝网、支付宝、淘票票、优酷、哈啰出行、菜鸟裹裹等全面影响了社会的生产和生活。美国学者埃里克·施密特(Eric Schmidt)和贾里德·科恩(Jared Cohen)在《新数字时代》曾指出,"除了生物病毒,几乎没有什么东西,能够像这些技术平台那样快速、高效和积极地扩展"①。在大数字平台组织垄断竞争作用下,整合了人类物质生产与非物质生产领域,满足用户精确需要的超级数字平台出现了。

二、数据产品的生产流通和分配

数据作为新型生产要素,要想在智能社会的经济活动中发挥作用,就必须成为数据产品,数据产品是用来交换的劳动产品,具有使用价值和价值。这是以往工业社会没有的。数据产品来自被智能传感器捕捉的单个、零散的数据,这些数据被智能平台收集,被数据工程师、数据开

---

① JIN D Y,FEENBERG A. Commodity and Community in Social Networking:Marx and the Monetization of User-Generated Content [J]. Information Society,2015(02):9-10.

发师运用智能算法处理、分析，完成了"数据—信息—知识"① 的转化。进一步地，以知识和服务的形式进入市场，实现其价值。

数据产品的生产主要通过以下步骤来完成。作为生产要素的数据、智能基础设施（如5G网络）、人工智能技术专利、智能化设备等都是以生产资料的形式出现的。当生产资料和劳动力相结合，就能生产出具有使用价值和价值的数据产品。而从使用价值的生产过程来看，数据作为生产资料有两种产生方式：其一是数据分析师、计算机工程师、数据建模师对大量数据进行加工和整合，形成可以进入生产循环的数据产品。这种情况下数据劳动资料的价值量主要来自处理数据的劳动力所投入的活劳动，也就是数据通过人，主要是数据分析师、计算机工程师、建模师、数据开发者的脑力劳动而成为知识。其二是智能设备通过自动化的形式和程序处理，使被收集的数据直接被投入下一个劳动过程，如物联网的分布式运算。在这里，不是智能设备或机器已生产了作为劳动资料的数据，而是智能设备或机器把作为生产资料的数据的价值量通过自动化的形式，直接转移到下一个阶段的生产过程中，而这种转移通过下一个劳动过程或者自动化的过程又最终转移到数据产品当中。这就意味着，上述两种形式下的智能设备、智能机器与数据本身都不能产生价值。同样地，就像智能设备或机器收集原材料那样，它们通过广泛收集各类行为数据，并对这些数据进行聚合、清洗、建模、测试，整合了这些原始数据，做成数据产品，这时数据成为智能经济中的劳动对象。这部分数据所包含的价值来自收集这些数据过程中被投入的物化劳动与活劳动。因此，用该劳动对象生产出的数据产品的使用价值，主要由三部分构成：其一，是由劳动资料，如智能设备和智能机器转入的价值；其

---

① 戚聿东，刘欢欢. 数字经济下数据的生产要素属性及其市场化配置机制研究 [J]. 经济纵横，2020（11）：66.

二，是作为劳动对象的数据转入的价值，如数据通过聚合、建模产生的价值；其三，是数据产品生产过程中，活劳动创造的新价值。概而言之，当数据产品不包含劳动力因素时，它没有进入价值生产和价值实现的过程中。而完成了"数据—信息—知识"[①] 转化的数据产品，以知识、服务的形式进入市场，通过分配、交换和消费的过程，获得了价值。目前的数据分析公司在市场上出售的主要是基于数据而产生的专业性知识或专业性服务，根据这些知识和服务生产所耗费的劳动时间，按照市场的价格机制、供求机制和竞争机制进行交换。而在交换过程中，数据产品也就因此实现了价值。

三、智能经济的崛起

智能经济（Intelligence Economy）是"以智能感知的信息和数字化的知识为关键生产要素，以新一代智能技术为重要推动力"[②] 的经济形式。智能经济是智能社会区别于其他社会的重要经济形式。智能经济被学者广泛讨论是以2017年7月《新一代人工智能发展规划》（以下简称《规划》）为标志的。《规划》确定了我国发展高端高质智能经济的目标。

从经济活动的本质来看，智能经济内涵包括以下四方面：第一，智能经济是由人工智能技术，以及人工智能技术相关的技术群推动的经济活动。习近平总书记指出，"人工智能是引领这一轮科技革命和产业变革的战略性技术"[③]。近年来，在以图形感知、机器学习、深度神经网

[①] 戚聿东，刘欢欢.数字经济下数据的生产要素属性及其市场化配置机制研究［J］.经济纵横，2020（11）：66.
[②] 许可，李湘华，朱青青，等.智能经济时代生态大变局：赢战5G［M］.北京：人民邮电出版社，2020：I.
[③] 习近平.加强领导做好规划明确任务夯实基础 推动我国新一代人工智能健康发展［N］.人民日报，2018-11-01（01）.

络、自动学习为代表的新一代人工智能技术的发展和带动下,人工智能科技产业的规模和范围不断扩大,其对传统经济活动的推动和变革作用已经凸显。

第二,智能经济是人工智能技术与实体经济相融合的新型经济形式。2017年工信部印发《促进新一代人工智能产业发展三年行动计划(2018—2020年)》(以下简称《计划》)。《计划》指出,要"推动人工智能和实体经济深度融合"①。2019年中央全面深化改革委员会通过《关于促进人工智能与实体经济深度融合的指导意见》,重申要促进人工智能与实体经济的深度融合。2020年《中共中央关于制定国民经济和社会发展第十四个五年规划和2035年远景目标的建议》再次将人工智能列为国家战略科技研发的首要领域,将产业体系、基础设施、公共服务等领域的智能化作为发展任务。由此可见,智能经济的发展依靠将人工智能科技融入实体经济,升级实体经济的发展水平,提高物质生产力。

第三,智能经济可分为智能产业化和产业智能化两部分,二者之间的良性互动推动了智能经济的发展。智能产业化是智能经济的基础部分即人工智能产业,具体包括"互联网、大数据、云计算、边缘计算和人工高智能核心技术在内的产业部门"②。而产业智能化是指使用部门因采用人工智能技术而带来的产出增加和效率提升,是智能经济的融合部分,包括传统产业由于应用人工智能技术所带来的生产数量增加和生产效率提升。智能产业化可以带动产业智能化的发展,而产业智能化也能为智能产业化提供其发展所必需的场景和数据,驱动人工智能技术与

---

① 工业和信息化部关于印发《促进新一代人工智能产业发展三年行动计划(2018—2020年)》的通知(工信部科〔2017〕315号)[EB/OL].工业和信息化部,2017-12-14.
② 刘刚,杜爽.智能经济创新区的兴起和发展:以杭州市为例[J].人文杂志,2020(03):42.

实体经济之间的持续深度融合。

第四,智能经济将发展为智能经济形态。2018年习近平总书记在中共中央政治局第九次集体学习时,区分了智能经济和智能经济形态。他指出,"提升传统基础设施智能化水平,形成适应智能经济、智能社会需要的基础设施体系"①。而随着加强人工智能和产业发展融合,我国要着力"构建数据驱动、人机协同、跨界融合、共创分享的智能经济形态"②。这一提法在2019年中央全面深化改革委员会第七次会议上再次出现。习近平总书记将现代化经济体系、市场需求、产业应用、制度环境等生产关系领域与智能经济形态相联系,按照唯物史观的分析,"社会经济形态是指与一定的生产力发展程度相适应的生产关系"③。智能经济形态将有可能成为与智能社会生产力相适应的生产关系形式。

概言之,智能经济的发展将带来生产关系意义上的智能经济形态。智能经济改变了传统的劳动方式、交易方式、管理方式和消费方式。它作为一种全新的经济形式,在生产要素、产业组织和运行方式上具有如下基本特征。

第一,数据是智能经济的关键生产要素。从人类发展的总体过程来看,智能经济产生于工业社会的经济形式之上,工业社会的经济形式来源于农业社会的经济形式。在农业社会中,农业社会经济发展的最基本的生产要素是土地与劳动力,核心驱动力是农业技术,技术载体是农耕工具和牲畜驯化。进入工业社会时期,主导工业社会经济发展的关键生产要素除劳动力与土地之外,增加了与社会化大生产相关的资源与资本,核心驱动力变为工业科学,而这种科学的物质化载体形态就是机器

---

① 习近平. 加强领导做好规划明确任务夯实基础 推动我国新一代人工智能健康发展[N]. 人民日报, 2018-11-01 (01).

② 习近平. 加强领导做好规划明确任务夯实基础 推动我国新一代人工智能健康发展[N]. 人民日报, 2018-11-01 (01).

③ 刘树成. 现代经济词典[M]. 南京:凤凰出版社,江苏人民出版社,2005:563.

体系与工厂。而进入智能社会时期，主导智能经济的生产要素除了工业社会时期的劳动力、土地、资源、资本之外，还增加了数据。这一时期驱动智能经济发展的是人工智能技术，而人工智能技术的载体形态不仅包括智能设备、智能软硬件、客户端和由智能设备形成的智能网络。正是因为作为新型生产要素的数据和人工智能技术的驱动，人工智能技术与实体经济融合发展出了智能经济。

第二，新一代人工智能技术可以在各个产业和社会领域中大规模应用。近年来，新一代人工智能技术，如机器学习、深度学习，能够依托互联网平台和移动通信网络，实现与国民经济各产业的大规模结合。这种结合不仅加速了原有产业的商品制造、流通和消费的循环过程，而且促进了传统产业技术的升级，创新了智能产业。

第三，智能经济的组织运行主要通过数字平台来完成。数字平台是以人工智能技术和网络通信技术为支撑而形成的进行数字经济活动的场所。数字平台将智能经济中相互依赖的不同群体聚合在一起，形成点对点的连接。它成为智能社会中进行协调经济、配置资源的基本经济组织，相应地也成为价值创造和价值汇聚的核心。

第四，智能技术将与传统产业融合一体化。新一代人工智能技术通过互联网和搭载了这种技术的终端设备向实体产业扩展，促进实体产业的智能化转型和技术升级。这主要表现为掌握了人工智能核心技术的互联网行业巨头向实体经济领域的拓展，尤其是全球信息技术产业的"独角兽"企业通过垄断数据和平台，抢占实体经济领地。在这一过程中，传统制造业和服务业也借助人工智能技术，从传统领域延伸到智能化的网络领域，实现产品研发和业务升级。

第五，智能经济具有规模经济、范围经济效应，"赢者通吃特征明显"①。随着 5G 网络规模化部署以及信息基础设施建设，未来智能经济相关行业将进一步突破商品生产和流通的物理限制，智能技术产业将大量融入现代农业、制造业和服务业，规模经济效应明显。同时由于智能产业企业存在高固定成本与低边际成本并存的状况，在智能装备生产条件下，智能经济规模扩大、产出增加，产品单位成本将大为降低。智能经济的规模经济效应导致大型企业出现，而范围经济效应又可以使行业中出现满足不同需求的多种业务或产品，由此形成赢者通吃的局面。

第六，智能经济的发展，将推动智能经济形态的产生。智能经济形态将通过社会需求的变革影响社会生产的变革，进而实现对现有生产关系的影响，成为智能社会生产力相匹配的"智能经济形态"②。

第三节 经济基础和上层建筑方面的表现

智能社会带来的变革不仅体现在生产力和生产关系层面，而且体现在经济基础和上层建筑方面。相对工业社会，智能社会在经济基础领域的变革体现在智能经济形态方面，在政治领域的变革体现和渗透在日常生活领域的社会治理，在思想方面体现为智能技术对人的认知变革。这些变革与经济基础方面的变革同步发生，但对人的影响更直接，让人的感受更加强烈。

一、智能场景的涌现

从狭义定义来看，社会是与政治、经济、文化等并列的，由与人的

---

① 张衆．"智能经济"还有多远：中国 AI 落地的动能瓶颈与创新发展战略探析 [J]. 宁夏社会科学，2020（06）：108.
② 习近平．把稳方向突出实效全力攻坚 坚定不移推动落实重大改革举措 [N]. 人民日报，2019-03-20（01）.

"共同的物质条件而互相联系起来的"① 生活领域,这一领域是通过人与人之间的连接和互动而形成的。在智能社会中,智能化的设备开启了人与人之间连接和互动的新纪元,从根本上改变了人们与自身、与他人、与群体,甚至与自然的相互连接方式,带来了社会生活整体的革命性变化。这种变化对人产生的冲击更强烈。事实上,智能社会对于现实个人日常生活领域的变革主要体现在不断涌现、让人应接不暇的智能场景。每一个身处智能社会的人,对于智能社会最直观的感受就是智能数码物(搭载了智能芯片的物品,如智能手机、智能手表)与生活高度绑定。而这些智能数码物也是信息的传感器、智能的接收器、嵌入式终端系统、智能控制系统和智能连通设施。它们之间相互作用,构成了一个"遍及全社会生产和生活的智能网络"②,"从而实现人类社会横向、纵向和端对端的扁平化高度集成"③。

  智能设备的高度集成带来了人的生活场景的智能化。所谓人的生活场景智能化就是指智能技术与人的生活场景高度结合。智能生活场景智能化最直接的表现是智慧教育。智慧教育是指社会化高质量的在线课程资源通过网络纳入了"公共教学体系"④。优质教育资源开始通过在线的形式向外辐射。这种辐射不仅以"以创设情境、收集和分析学情、辅助学生学习的方式"⑤ 融入了学生和教师的学习活动,而且释放出了

---

① 中国社会科学院语言研究所词典编辑室. 现代汉语词典:商务印书馆创立120年纪念版[M]. 北京:商务印书馆,2017:1154.
② 智能科技与产业研究课题组. 智能社会前瞻[M]. 北京:中国科学技术出版社,2016:37.
③ 智能科技与产业研究课题组. 智能社会前瞻[M]. 北京:中国科学技术出版社,2016:37.
④ 高斯扬,史冬柏. 人工智能技术与高校思政课教学深度融合的路向与限度[J]. 教育评论,2022(02):86.
⑤ 高斯扬,史冬柏. 人工智能技术与高校思政课教学深度融合的路向与限度[J]. 教育评论,2022(02):85.

教学改革的巨大空间。比如,基于智能技术的场景式教学、体验式学习。学生与教师一面通过智能设备的教学互动,另一面也被智能设备记录、分析,形成了对教学情况的效果反馈。

除了智慧教育,智慧医疗也是人们可以直接感受到的变革。无论是全球新冠疫情大流行期间,中国医疗卫生机构的快速响应、病理分析,还是依靠大数据实现的病毒溯源、密接排查和医疗行为的监管,都让我们感叹智能社会的效率、速度和变革。依托智能二维码的健康码、城市码的人码合一,"码上生活"[1] 已成为每一个智能社会现实个体的生活标配。2021年《中华人民共和国国民经济和社会发展第十四个五年规划和2035年远景纲要目标》指明了要深入推进建设的智能社会场景。这些场景涵盖了我们社会生活的主要方面。它们的持续建设将会给人类社会带来更多的影响,给生活带来更大的变化。

然而,智能场景固然带来了人们之间交往、沟通的根本性变迁,但智能技术本身产生于社会、应用于社会,也必然受到已有社会因素的影响。马克思主义认为,人类社会生活形式的发展归根到底取决于生产力所决定的生产关系,尤其是维持这种生产关系的经济制度的影响。无论是支撑智能社会发展的智能技术,还是推动智能社会发展的数据,都是具体智能社会场景的产物,它们在与人的互动中遵循着特定的社会发展规律,产生了不同的社会价值。正如专家指出的,"解构与重构社会的机制显示出类似的矛盾对立的特征,并表现为一系列辩证性的悖论"[2]。这些悖论表现为以下四方面。

首先,智能场景为人们提供了开放互联的大量信息,增加了人类了解自身、他人、社会和自然的机会,但也使个人隐私无处遁形。智能场景中,人们可以通过智能设备接触到身处同一网络中的其他人的信息,

---

[1] 大观区数据局. 全民共享"码上生活"[N]. 安庆日报,2021-06-21(A07).
[2] 王天夫. 数字时代的社会变迁与社会研究[J]. 中国社会科学,2021(12):79.

也可以通过在线的方式完成生活和工作的所有任务。这时通过网络和智能设备的活动就产生了数据，这些数据聚合在一起就会暴露个人的隐私和敏感信息。事实上，近年来智能场景中数据滥用逐渐成为影响公众生活的主要事件。网络上的"人肉搜索""舆论暴力""网络暴力""社会性死亡（俗称社死）"就是典型案例。而在现实中广泛出现的网络诈骗、电信诈骗都是从滥用个人信息与侵犯个人数据开始的。

其次，智能场景的便捷互联，在拉近人们连通距离的同时，增加了人与人之间疏离的风险。身处智能场景中的个人能够即时传递和接受信息，能够更加高效地阅读和处理信息，这似乎预示着人们之间可以更加无障碍地连通、更加深入地交流。但是在智能场景中，大量且无限的数字信息对应着人们分散且有限的注意力，而人们的注意力不仅有着不同的偏好，而且受到不同的阶级属性、知识体系和日常习惯的影响。美国法学学者凯斯·R.桑斯坦（Cass R. Sunstein）指出，社交媒体会加剧"物以类聚，人以群分"的现象，而产生"回音壁"[1] 效果。在智能场景中，人类往往只会连接同类群体成员，而同一群体内的信息传递不是相互提升或者互听有无，而只是让成员获得其所期望的信息，强化其已有的信念。

再次，智能场景的去中心化和中心化趋势共存。去中心化（decentralization）作为被广泛接受的智能社会特征，是指智能社会中社会关系形态和内容的产生不再围绕一个或者多个固定的中心，而是一种个体与个体之间能够相互连接的分布式结构。去中心化最明确的表现是，当个体接入智能场景之后，几乎可以扩展触及场景内的所有节点（包括设备和人），如微信的摇一摇发现身边的人，如拼多多的周围人拼单功能，这种相互连通和彼此发现，从技术上瓦解了以往工业社会的层级式

---

[1] SUNSTEIN C R. Republic: Divided Democracy in the Age of Social Media [M]. Princeton: Princeton University Press, 2017: Preface.

结构，形成了去中心化的趋势。但是，这种智能场景中的去中心化并不是对以往社会中心化的完全背离，而是一种去中心化和中心化并存的状态。智能场景中产生的海量数据，其收集整理和计算分析遵从从分散到集中的过程。而在这个过程中，谁（如数字平台组织、数据公司）掌握了数据、算法、算力、技术工作人员和计算基础设施，谁就可能控制这一过程，成为去中心化过程中的新中心。

最后，智能场景的社会中"平等扁平化与差距扩大化趋势共存"[1]。智能场景的崛起以万物互联、智能连通的物联网为基础，以平等、自由、开放、包容的人类发展愿景为内核。但数字（虚拟）世界建立在物理（现实）世界的基础之上，并不是脱离人类社会现实发展状态的乌托邦。物理（现实）世界的差异会带来深刻的数字（虚拟）世界的差异，会造成智能场景中人类生存差距的扩大化趋势，如数字鸿沟等。事实上，智能场景中任何看起来稀松平常的因素都能造成差异。比如，可触及基础设备的差异、教育与技术上的差异、使用熟练程度上的差异、控制数据能力的差异。这些新的差异，必将放大现实社会中机会与物质的不平等，造成智能社会生活领域的人类看似平等互联，实则生存差距不断扩大的现象。

二、智能技术成为社会治理的手段

智能技术与日常生活的结合，变革了人类社会的社会治理形式和内容。从一般意义来看，社会治理是以政府、社会组织、企事业单位、社区以及个人为主体，它们通过一定的方式，依法对社会事务、社会组织和社会生活进行引导和规范的过程。社会治理涉及的主要是社会生活中的政治、经济和文化领域，是西方马克思主义代表人物安东尼奥·葛兰

---

[1] 王天夫. 数字时代的社会变迁与社会研究 [J]. 中国社会科学, 2021 (12): 81.

西（Antonio Gramsci）在文化霸权理论中指出的，阶级国家运用意识形态领导权进行"柔性规制"的地方。

  智能社会的社会治理与智能技术高度相关。2016 年 12 月美国白宫发布《人工智能、自动化和经济报告》（Artificial Intelligence, Automation, and the Economy）指出，政府要根据人工智能技术带来的社会变革，"赋予工人权利，确保广泛共享由人工智能带来的经济增长收益"①。这是美国政府从政策制定层面发布的针对人工智能社会变革宣布要进行社会治理的研究报告。2017 年我国国务院发布《新一代人工智能发展规划》，提出人工智能技术"将显著提高社会治理的能力和水平"②。2017 年中国共产党第十九次代表大会期间，《法制日报》发表文章"政法+人工智能如何满足人民新期待"③，报道了人工智能融入我国社会治理体系，尤其是政法方面的具体举措。2020 年《网络传播》杂志发表专刊《数字化治理》，集中探讨了运用智能技术进行社会治理的具体问题。

  智能社会中，社会主体运用智能技术进行社会治理是通过"智能算法+智能算力+智能感知+社会管理"实现的。传统工业社会政府进行社会治理的方式是统计学意义上的社会物理学研究，这种统计基于社会动力学完成，按照大数据原则和统计学原则进行社会分析，具有一定的模糊性。而智能社会的社会主体进行社会治理则可以依靠智能算法驱动下的大数据分析和个体数据的量化来完成。这种方式相对工业社会时代的社会物理学而言，不仅具有数据上的精确性，即大量数据可以"细

---

① 李彦宏. 智能革命：迎接人工智能时代的社会、经济与文化变革［M］. 北京：中信出版社，2017：301.
② 国务院. 国务院关于印发新一代人工智能发展规划的通知（国发〔2017〕35 号）［EB/OL］. 中国政府网，2017-07-20.
③ 王斗斗. 政法+人工智能如何满足人民新期待［N］. 法制日报，2017-10-24（05）.

化为各种数据标签、数据画像在智能算法上客区分的单体特征"①，而且具有算法和算力上的准确性，比如，个体与他人、与环境等的一切关系在智能技术下的精准还原，更具有动态性，可以通过建模和迭代模型，反复验证算法和数据的准确性。运用智能技术进行社会治理，不仅提升了治理的准确度、精细度，而且提高了治理的速度和效能。

然而，面对智能技术成为社会治理手段这一客观现象，不同制度下的学者存在不同的态度。如中国学者认为《新一代人工智能发展规划》强调智能技术进行社会治理的工具性，表现出"中国在总体上对于人工智能为经济、社会、企业和个人福祉带来的积极影响更加乐观"②。学者张爱军甚至撰文指出，"国家治理体系现代化的标志，就是对人工智能的应用"③。事实上，新冠疫情期间，中国政府运用人工智能技术实施的流调筛查、信息比对、行程分析，有效保障了人民群众的健康和安全。这种治理方式得到了广大人民群众的认可和支持。但是身处资本主义社会条件下的哲学家托夫勒却认为，运用人工智能进行社会治理会加深技术异化的风险，可能出现安全失控、法律失准、隐私失密等社会问题。他的著作《第三次浪潮》指出，基于信息和金融化商品的社会是一种"管控社会"。在这种社会中，管控来自数字技术和大规模数据，它们决定了人们能否获得信息。"管控社会"将人置于一种无处不在的、持续运转的网络之中。这种网络将会成为人生存的牢笼。美国的技术社会学家肖莎娜·祖波夫（Shoshana Zuboff）将这种社会，尤其是资本主义制度下的智能社会称为"监控资本主义""监控社会"。她认为这种社会是对人自由、理性的全面消灭，是人类发展的完全对立面，

---

① 段伟文. 人工智能与解析社会的来临 [J]. 科学与社会, 2019（01）: 117.
② 段伟文. 构建稳健敏捷的人工智能伦理与治理框架 [J]. 科普研究, 2020（03）: 12.
③ 潘树琼. 抗疫一线上演以"智"善治 [J]. 网络传播, 2020（03）: 41.

即"大他者"(the Big Other)①。

三、智能技术改变了人的认知

观念和文化是上层建筑的基本组成部分。智能社会对于社会观念和文化的改变，既体现在智能社会带来了扁平化的社会互动，形成了开放、自主、透明的社会观念方面，又体现在每个社会个体都强调自己要拥有知情和参与权，自由抒发自己生活的感受的要求方面。智能技术改变了人认知的形式和内容方面。智能技术变革了人类认知的内容和范围，这是智能社会与以往任何一个人类社会时期都不同的根本性变革。

马克思主义认为，技术通过工具的形式，塑造和改变了人的认知内容和认知形式。近年来传播学、社会学和技术哲学就人工智能技术对人的认知变革展开广泛研究。传播学延续马歇尔·麦克卢汉（Marshall McLuhan）的"媒介即知识"的判断，指出在智能社会中"人与人、人与机器、人与世界的互联上升到生理级、心理级的互联互通"②，作为媒介的智能技术重构了人的认知方式和能力。而社会学则通过田野调查和质性访谈，提出智能社会改变了人的认知颗粒度、认知敏感度，催生了智能技术对于人的"认知外包"③形式。技术哲学则强调技术是一种人的生存方式，智能技术成为人在认知领域的"一种器官学延伸"④。

实际上，恩格斯在《自然辩证法》中的"工具—手的辩证关系"⑤

---

① ZUBOFF S. The Age of Surveillance Capitalism：The Fight for Human Future at New Frontier of Power [M]. New York：Public Affairs，2019：244.
② 喻国明，杨雅.5G 时代：未来传播中的"人—机"关系的模式重构 [J]. 社会科学文摘，2020（02）：112.
③ 高斯扬，胡莹. 智能时代高校思想政治理论课教学互动的壁垒及改进 [J]. 教学研究，2023（05）：74.
④ 斯蒂格勒. 南京课程：在人类纪时代阅读马克思和恩格斯 [M]. 张福公，译. 南京：南京大学出版社，2019：184.
⑤ 高斯扬. 唯物史观视域下恩格斯的技术思想探析 [J]. 经济纵横，2020（09）：51.

指明了技术对人认知的变革性作用。恩格斯认为劳动是人的本性，人在劳动中通过使用工具发展了自身的能力。而这种发展，一方面体现为人运用工具锻炼了大脑，发展出了更高级的认知和实践能力；另一方面，工具作为人的主体能力的外化，在人的使用中，改变了形态，发展得更为精巧和实用，推动了人对于自然和自身的变革。这种辩证关系不仅体现了人与工具之间的互动关系，还揭示了技术进步对人类发展的重要性。通过使用工具，人类能够扩展自己的能力和认知范围，实现从简单到复杂的转变。例如，在农业生产中，农民使用犁、锄等工具，能够更高效地耕种土地，提高农作物的产量和质量。同时，这些工具的使用也促进了人类大脑的进化和发展，使人类能够更好地适应环境变化和社会变迁。此外，工具的变革也推动了人类社会的进步和发展。例如，互联网技术的出现和发展，改变了人们的信息获取和交流方式，推动了全球化的进程和经济的发展。智能手机等智能设备的普及，使人们能够随时随地获取信息和进行交流，改变了人们的生活方式和社交模式。因此，恩格斯揭示了技术对人认知的变革性作用，也为我们理解人类社会的发展提供了重要的思路和方法。

　　按照恩格斯的这一观点来考察，人的认知由感性和理性两方面构成。其中，感性对应的是分析，它处理杂多的经验表象；而理性对应的是综合，它处理概念、范畴和逻辑。然而，智能技术作为工具，通过与人的劳动相结合，一方面以大数据分析方式超越了人的有限感性分析，发展出一种"数据全知"的分析模式。这一模式不仅构建了一种全样本的总体采集框架，而且也在一定程度上破除了长久以来困扰个体感知的"种族"和"洞穴"假象。① 另一方面，智能技术以深度学习、深度感知、迭代学习将人类的经验、知识编程化，"编程化过程就是外在化过程和人的智性经验本身的人为再生产"②。它构建了一种建立在智能硬件、软件甚至是算法之上的知识，即专用人工智能的专家系统。它让使用这一系统的人能够快速感受到系统的便利、快速和简洁，代替了现实个体的简单思考过程。

更显著的是，在这一过程中，智能技术改变了人的认知形式。如专用人工智能专家系统的应用，就会使人的知性"不可避免地受制于交流的技术载体，这便导致了'知识相对于知者'的外移"③。近年来社会学研究揭示，智能手机、电脑、APP 的使用与人的认知能力退化、认知内容的极端化存在一定的关系。这意味着，在人的知性综合能力与信息系统产生交互作用中，即便目前尚未出现能够自主从事创造性劳动的通用人工智能技术，"但人的知性综合能力也在一定程度上被智能系统所整合"④。这种整合就发生在人在开展实践活动时对于人工智能技术的运用中。

---

① 认知领域的"种族"假象和"洞穴"假象是由 16 世纪的英国哲学家提出的。种族假象指的是一切感觉，不论是感官的知觉还是心灵的知觉，都是以个人的尺度为根据的，而不是以宇宙的尺度为根据。这就意味着，人们对外部事物的感知，不是事物的自然标准，也不是感官的客观标准，而只是个人主观的、自我的标准。洞穴假象指的是，由于每个人不同的成长环境、教育背景而形成的认知偏见。
② 斯蒂格勒. 南京课程：在人类纪时代阅读马克思和恩格斯 [M]. 张福公，译. 南京：南京大学出版社，2019：94.
③ 斯蒂格勒. 技术与时间 [M]. 赵和平，印螺，译. 南京：译林出版社，2010：194.
④ 程鹏，高斯扬. 通用人工智能体道德地位的哲学反思 [J]. 自然辩证法研究，2021（07）：65.

第三章

智能社会的基础

考察智能社会的变化,不应仅着眼于其所带来的变革性方面,而且应关注构成这一新的社会发展阶段的规定性方面。构成这种规定性的就是智能社会的唯物史观基础。马克思指出,人们创造自己的历史,但并不是随意地创造,而是在"从过去承继下来的条件下创造"[1]。就智能社会可观察到的发展而言,智能社会并不是一个独立的技术社会形态或唯物史观意义上的社会形态,智能社会建立在工业社会的基础上。智能社会的基础体现为基于机器大工业的生产方式与基于现代市场经济的生产关系形式。生产力和生产关系的相互作用构成了经济基础,对于经济基础的观念和组织设施上的反映构成了上层建筑。上层建筑与生产力、生产关系之间具有双重传导机制,上层建筑既是生产力、生产关系相互作用的反映,又能成为二者相互作用的反作用力。上层建筑具有双重属性,一方面它若适应"归根到底"意义上存在的生产力发展需要,就会通过变革经济基础来推动社会的发展。另一方面,它若受到一定社会时期的生产关系,尤其是经济制度的影响,也会产生马克思和恩格斯在《德意志意识形态》中阐述的,具有"虚假性""颠倒性"的政治意识形态和异化于人的组织设施。

---

[1] 中共中央马克思恩格斯列宁斯大林著作编译局. 马克思恩格斯文集:第2卷 [M]. 北京:人民出版社,2009:798.

第一节　基于机器大工业的生产方式

生产方式是人们进行物质生产的方法和形式，是规定社会存在的主要内容，也是唯物史观考察一定社会发展阶段的基本切入点。马克思在《资本论》第一卷中指出，《资本论》考察的是构成资本主义社会的"一定的生产方式以及与它相适应的生产关系"①。生产方式不是凭空产生的，而是社会历史的产物。智能社会的生产方式虽然产生了诸多变革，但其本质上仍旧是以机器体系、人机协同、脑力劳动的工业化为基础，这种变革是对机器大工业生产方式的"量变"。

一、以机器体系为基础

马克思在《资本论》中曾一再强调资本主义生产方式建立在"由劳动资料转变为机器体系"②的基础上。这里的机器体系是至少由发动机、传动机和工具机三个部分构成的系统。其中，发动机是整个机构的动力，它负责替代传统的人力。而传动机是连接中介，它把运动从发动机传给工具机。而工具机是抓住生产对象的"手臂"，它负责按照人类的需要和目的来改变生产对象。马克思一再表示，唯有发动机、传动机、工作机三者相互作用、相辅相成、相互支撑，共同构成发动工业革命的机器体系，才能形成工业社会机器大工业的生产方式。

智能社会的生产方式建立在机器大工业的机器体系的基础上。首

---

① 中共中央马克思恩格斯列宁斯大林著作编译局. 马克思恩格斯文集：第5卷 [M]. 北京：人民出版社，2009：100.

② 中共中央马克思恩格斯列宁斯大林著作编译局. 马克思恩格斯文集：第8卷 [M]. 北京：人民出版社，2009：186.

先，生产力代代相传。智能社会的生产方式虽然与以往工业社会产生了区别，但究其根本，智能社会的生产方式来自支撑社会化大生产的机器体系，原因有三点。其一，智能社会的生产方式仍然依靠发动机、传动机和工具机等相互构成的生产力整体来发挥作用。无论是工业化联网，还是智能制造、智慧工厂都不能脱离工业社会的机器体系。智能社会的生产方式传承了工业化时代的生产力体系，这种生产力体系以机器体系为基础，通过发动机、传动机和工具机等相互配合。从这一点来看，无论是工业化联网，还是智能制造、智慧工厂，它们都需要依靠机器体系来实现自动化生产。进一步来说，智能社会的物质生产需要依附于这种机器体系来发挥作用。在智能社会，机器体系不仅是生产工具，还是连接各个环节的纽带。通过机器体系，才能实现生产过程的自动化、智能化和精细化。

其二，尽管大数据技术体系变革了机器大工业的表现形式，但这些智能技术构成的技术体系没有脱离机器大工业生产而单独存在。从本质上来看，在物理生产与数字生产相结合的形式中，数字生产依附于物理生产，数字技术依附于物理技术世界而存在。作为数字技术的智能技术无论在软件运行上，还是在硬件构成上，都需要机器大工业的机器体系来支持。而且智能技术不能改变物质世界的生产规律，它们只是"在信息空间构建人类社会和物理世界的虚拟映像"[1]。因此，智能技术体系的变革是一种基于现有生产方式的变革。这种变革主要体现在对数据的处理和分析上，使生产过程更加高效、精确和可控。实际上，智能技术体系仍然需要依赖机器大工业的机器体系来提供硬件支持和运行环境。此外，智能技术的应用也并没有改变物质世界的生产规律。尽管智能技术可以在信息空间中构建人类社会和物理世界的虚拟映像，但这并

---

[1] 中国电子学会. 先进计算与智能社会 [M]. 北京：中国科学技术出版社，2020：前言.

不意味着可以改变物质世界的生产规律。相反，智能技术的应用只是在现有的生产规律基础上进行了优化和改进，使生产过程更加高效、精确和可控。

其三，即便有学者对智能社会的生产方式进行了"精确"的前瞻，指出智能生产方式应是升级版的物联网，这种物联网将"真正实现人类对复杂系统的全面管理"①。但需要明确的是，这里提到的"升级版的物联网"也没有脱离机器大工业的机器体系范围。更何况，对于智能社会的生产方式的判断需要以现实为依据。根据我国工信部发布的智能制造研究报告，我国的智能生产方式仍处于"许多同种机器的协作"②的时期。智能化生产并不是简单的机器协作，而是需要建立在深入掌握机器本身的特性和规律的基础之上。只有这样，我们才能逐步实现马克思所描述的"大工业必须掌握它特有的生产资料，即机器本身"③标准。

二、以人机协同为形式

人机协同是马克思对于机器大工业形式的基本判断。人机协同是指劳动者通过生产性劳动与机器体系进行的生产性协作。这种协作在资本主义生产方式中发生了严重异化。资本主义生产方式下的工人作为劳动主体，由于受到生产资料私人所有的影响，不仅不能支配自身劳动的产物，反而成为物质生产活动的附庸，成为"有意识的机件"④。马克思

---

① 智能科技与产业研究课题组. 智能社会前瞻 [M]. 北京：中国科学技术出版社，2016：12.
② 刘方喜. 人工智能"奇点"与社会变革大势的生产工艺学考察 [J]. 天津社会科学，2020（05）：109.
③ 中共中央马克思恩格斯列宁斯大林著作编译局. 马克思恩格斯文集：第 8 卷 [M]. 北京：人民出版社，2016：423.
④ 中共中央马克思恩格斯列宁斯大林著作编译局. 马克思恩格斯文集：第 8 卷 [M]. 北京：人民出版社，2009：185.

认为想要超越这种异化的劳动形式，需要依靠生产资料所有权的变革，即劳动者要重新占有机器体系，活劳动要能重新支配"死劳动"。

智能社会生产方式建立在人机协同基础之上，没有脱离机器大工业人机协同的基本生产形式。这可以从劳动方法、劳动过程、劳动组织三方面来加以验证。首先，从劳动方法的角度来看，劳动方法是劳动者通过使用生产工具进行物质生产时所采取的方式。智能社会的物质生产依靠智能机器体系、智能劳动对象和劳动者三个实体性要素组成，这些实体性要素被串联起来而形成的稳定生产模式就是最一般意义上的智能社会的生产方式。但是这种生产方式也不是简单的形式上的组合或是外在堆砌，而应是一种内在的方法论变革。正如《2017中国智能制造白皮书》指出的，智能社会的生产方式应是"新一代信息通信技术与先进制造技术深度融合"[①]的新型生产方式。这种生产方式体现在工业生产中就是劳动者与智能探测仪、自动化数控机床、工业机器人、智能生产系统、智能装配装备、智能物流系统和仓储装备、数字化生产线相互配合而进行生产的过程。它们通过智能协作构成了有机的机器体系。生产者与这种机器体系的相互协作构成了智能社会物质生产的基本形式。

其次，从劳动过程的角度来看，劳动过程是劳动者把劳动要素按照一定生产目的结合起来，生产使用价值的过程。和以往劳动过程相比，智能社会的生产方式增加了以数据为生产资料，通过智能机器对数据的采集、分析、建模、测试而进行的生产过程。这种过程虽然看似由智能数据采集器、编辑器和处理器"全权处理"，但实质上其核心算法仍由劳动者来设计和决定。事实是，智能社会的物质生产对劳动者的劳动能力要求更高了。劳动者不仅需要和智能机器配合，而且需要掌握智能机器的运行方式和相关表现。这种高要求在各国政府进行智能产业发展规

---

① 《中国智能制造绿皮书》编委会. 中国智能制造绿皮书[M]. 北京：电子工业出版社，2017：V.

划时都强调要"培养一批能操作、懂调试、会研究的技能型和应用型复合人才"[1] 中看出。

最后,从劳动组织的角度来看,以往机器大工业的劳动组织方式是福特制、泰勒制的。工人被固定在生产流水线的某个节点上,是生产的"螺丝钉"。而依托物联网、5G进行的智能生产方式,打破了原有福特制、泰勒制生产组织方式,打破劳动过程中固定的时间、空间的限制,将劳动过程变得更加松散和弹性化。如劳动者在智能操作终端的帮助下,不必站在物理流水线的旁边,就能查看智能生产机器的工作状况,不必时刻盯住智能操作面板就能获得生产数据。劳动者也可以根据生产需求,通过调整智能生产设备的参数,进行柔性定制化的生产。这种组织方式极大地改变了劳动者对固定劳动地点和劳动时间的"依附",改变了以往劳动组织的形式。虽然工人在表象上脱离了固定的机器体系,但事实上工人仍然需要通过智能终端与机器体系进行生产性的交互和协作,而这种生产仍旧需要工人的活劳动才能真正地产生使用价值。人机协同仍旧是智能社会生产方式的基本形式。

三、以脑力劳动的工业化为实质

从工业化发展的历史来看,资本对体力劳动的机器化替代是工业革命的开始,而资本对脑力劳动的工业化替代是当下智能社会生产方式的实质。这里所说的资本是以生产要素形式存在的资本。马克思在《资本论》中没有否认过作为生产要素的资本的生产功能。马克思曾指出,机器大工业对于家庭手工业的替代,是以机器体系替代熟练工人、资本替代体力劳动来实现的。在这一过程中,熟练工人的生产劳动被分割为简单的劳动组成部分,而这些部分又被工具机、传统机和发动机所构成

---

[1] 《中国智能制造绿皮书》编委会. 中国智能制造绿皮书[M]. 北京:电子工业出版社,2017:138.

的机器体系取代。机器体系以及机器体系的产业化应用,提升了资本主义社会的生产效能,创造了巨大的生产力。

　　智能时代的生产方式是从工人使用智能机器设备,如计算机、智能客户端、智能平板电脑,通过智能算法进行复杂操作,替代了人类对纸、笔和简单计算工具的操作开始的。这种操作一方面使"机器代替人脑功能"①,另一方面使人的脑力活动日益成为生产创新的核心性要素,知识创造成为一种创造财富的新的体系。正如托夫勒指出的,这种体系"是以头脑(脑力)为基础"②。就像计算机的发明使人类摆脱了思维器官和手工劳动在计算速度、信息收集和信息存储等方面生理性的局限,人工智能技术,尤其是专用人工智能技术,不仅通过软件工程师、计算工程师对人类集体经验的智能化建模、处理和应用,使工人从物质生产的简单脑力劳动中解放出来,同时通过发展这种技术的外化形式——智能工具,来"赋智""赋能"原有机器大工业的机器体系,提升了劳动的范围和效率。智能工具不仅依靠"高效发挥底层硬件资源所提供的计算能力,不断地凝练应用共性"③成为智能社会物质生产的强劲推动力,而且这种动力背后的运行机制是人类脑力劳动通过机器编码,固化到机器体系当中,成为机器大工业的一部分,即脑力劳动的工业化。

　　事实上,所谓"智能+"、智能赋能物质生产活动的过程,是人类通过发展自然科学的精神生产力增强对物质生产力改造的过程。从技术经济的历史发展来看,专用人工智能技术作为对人脑智力活动的模拟,现阶段发展的就是人脑改造物质、变换能量和处理信息的综合能力。专

---

① 谢长安,程恩富. 分工深化论:五次社会大分工与部门内分工探析[J]. 马克思主义研究,2016(12):49.
② 托夫勒. 力量转移[M]. 刘炳章,等译. 北京:新华出版社,1996:9-10.
③ 中国电子学会. 先进计算与智能制造[M]. 北京:中国科学技术出版社,2020:序言.

用人工智能技术是人的智力通过智力劳动变为知识，而知识转化为技术进一步成为生产力的形式。同时，由于智能社会建立在智能产业化、产业智能化的基础之上，这一过程本身"就是开发人的智力资本"[1]的过程。人工智能技术通过人机一体化的智能系统和智能技术基于互联网的分散式渗透，对传统产业和国民经济体系进行智能化改造。这种改造之所以被称为"智能+""智慧赋能"，是因为这是人类通过发展自然科学的精神生产力增强对物质生产力改造来完成的。这种改造通过ICT技术软硬件的不断升级，通过它们与机器体系的结合，发挥作用。这种结合实现了"人的智能与机器的智能相互转换"[2]。人的脑力劳动的工业化作为驱动智能社会发展的"底层动力"，构成生产力的核心，成为智能时代生产方式变革最显著的形式。

第二节　基于现代市场经济的运行方式

恩格斯曾指出，一切社会变迁的原因"应当到有关时代的经济中去寻找"。[3] 智能经济和智能经济形态作为驱动智能社会发展的引擎，《中国智能经济发展白皮书（精华版）》认定我们已经进入了智能经济时代。[4] 智能经济带来了变革，"智能经济形态"[5] 也初见雏形。但总体而言，作为新型生产要素的数据仍需进行市场化配置，智能经济需要

---

[1] 贾根良. 第三次工业革命与工业智能化［J］. 中国社会科学，2016（06）：100.
[2] 黄旭敏. 未来研究的热点与未来社会的前景［J］. 未来与发展，1997（02）：21.
[3] 中共中央马克思恩格斯列宁斯大林著作编译局. 马克思恩格斯文集：第3卷［M］. 北京：人民出版社，2009：548.
[4] 中国发展研究基金会. 新基建，新机遇：中国智能经济发展白皮书（精华版）［EB/OL］. 百家号，2020-06-20.
[5] 习近平. 把稳方向突出实效全力攻坚 坚定不移推动落实重大改革举措［N］. 人民日报. 2019-03-20（01）.

依靠现代市场经济来运行，智能经济和智能经济形态的有效发展需要一定的经济制度来保障。

一、数据市场化配置及其要求

作为智能经济的关键生产要素，数据对智能经济、智能经济形态乃至智能社会的发展具有重要意义。数据通过"数据—信息—知识"的转化，不仅能与人的脑力劳动相结合形成精神生产力，而且这种生产力可以与物质生产相结合，促进智能经济的高端高质量发展。

然而，作为关键生产要素的数据要在生产中发挥作用，一方面需要与其他生产要素充分结合；另一方面需要通过数据的流通、流转来实现价值创造的循环。换言之，实现数据在生产中的作用仍需要市场机制。数据作为新型生产要素，需要进行市场化配置。2020年4月，中共中央、国务院发布《关于构建更加完善的要素市场化配置体制机制的意见》（以下简称《意见》）。《意见》明确提出加快培育数据要素市场的要求。

马克思主义政治经济学认为，数据在生产、分配、交换、消费的过程中实现市场化配置，需要关注两个关键性的环节。其一是"生产资料归谁所有，劳动者与生产资料相结合的方式"[1]，即数据要素作为生产资料在各个社会成员之间的分配；其二是"在此基础上形成的生产成果的分配方式"[2]，即数据创造财富的分配，也就是数据所有者凭借数据进行生产性劳动而获得的报酬。

然而，从数据要素在各个社会成员之间分配的具体情况来看，分配关系必须适应于生产力的发展水平。马克思曾批判大卫·李嘉图（David Ricardo）对资本主义生产关系与分配关系"形而上学"的研究方

---

[1] 周新城. 中国特色社会主义经济制度论[M]. 北京：中国经济出版社，2008：2.
[2] 周新城. 中国特色社会主义经济制度论[M]. 北京：中国经济出版社，2008：2.

式，指出"在分配是产品的分配之前，它是（1）生产工具的分配，（2）社会成员在各类生产之间的分配"①。在一定的社会结构中，生产关系与分配关系不是彼此区分且各自独立的要素，而是相互作用的关系。只有分配关系适应于其所在社会结构的经济发展水平，才能提高生产要素的配置效率，才能进一步提高生产力的发展水平。这意味着，生产关系层面的智能经济和智能经济形态与生产力的发展特征相适应。唯有形成合理的分配方式，激发生产力，才能形成与智能时代的生产力相适应的生产关系、分配关系，进而推动生产力的进一步发展。

相应地，从数据创造财富的分配关系来看，生产关系决定分配关系。从"劳动者与生产资料相结合的方式，以及在此基础上形成的生产成果的分配方式"②来看，数据产权的确定应以所有社会成员能够以平等的身份按需获取数据要素为基础。马克思认为，分配与生产是一体两面的关系，分配的对象是社会财富，而社会财富受生产资料的所有制决定。生产资料所有制是指生产要素的占有、支配、使用等经济关系之间的相互作用关系，生产资料所有制的法律表现形式是产权关系。数据的确权是数据市场化配置的本质。

根据马克思对生产和分配关系的论述，数据的产权关系和确权要能够通过市场机制，有效激励经济主体的数据投入，这些投入要能提高数据与其他要素、与生产活动的结合水平。而实现上述目标需要数据的市场化配置做到以下两点：一是通过数据要素市场，充分释放经济主体在数据要素使用方面的机会，这样才能使数据更好地聚合为信息和知识，知识才能转化为物质生产力和精神生产力，提升物质生产的效率与效能；二是要实现所有社会成员能够以平等的身份按需获取数据要素，以

---

① 中共中央马克思恩格斯列宁斯大林著作编译局. 马克思恩格斯文集：第8卷［M］. 北京：人民出版社，2009：20.
② 周新城. 中国特色社会主义经济制度论［M］. 北京：中国经济出版社，2008：2.

报酬激励的方式，充分调动各个经济主体不断生产、交换数据要素的意愿和热情，充分释放数据的潜在价值。唯有此才能真正"构建数据驱动、人机协同、跨界融合、共创分享的智能经济形态"①。

二、市场经济与智能经济的关系

智能经济在现代市场经济的基础上发展，市场经济是智能经济发展的基础。市场经济提供了智能经济所需的物质基础、制度保障和市场竞争环境。比如，智能经济涵盖的智能产业化、产业智能化和智能产品，都要求把市场作为数据资源和数据产品配置的基础性机制，要求利用市场把智能产品、智能产业化和产业智能化配置到效益较好的环节中。而这种配置过程需要通过市场来进行。市场能够调节需求，促进生产，能够通过市场竞争实现优胜劣汰，推动产业发展。市场经济本身作为"适应社会化生产和商品经济需要而发展起来的一种资源配置方式、经济调节手段"②，它的价值规律、供求规律、竞争规律都客观地存在并发挥作用，这些作用对促进智能经济的发展具有推动作用。相应地，在市场经济中，智能制造企业作为市场主体，为了获得竞争优势，不断加大技术研发投入，推动智能化生产和管理，从而促进了智能经济的发展。这意味着，市场经济的竞争机制激发了企业的创新活力，使智能经济得到了持续的发展。

同时，智能经济对市场经济的发展也起到了重要的推动作用。随着智能经济的发展，传统的产业结构和商业模式正在被颠覆，智能化、网络化、自动化的生产方式和管理模式正在成为主流。这种变化不仅提高了企业的生产效率和管理水平，也使市场经济的运行更加高效和透明。

---

① 习近平. 把稳方向突出实效全力攻坚 坚定不移推动落实重大改革举措［N］. 人民日报，2019-03-20（01）.
② 周新城. 中国特色社会主义经济制度论［M］. 北京：中国经济出版社，2008：196.

同时，智能经济的发展也催生了许多新的商业模式和产业形态，如电子商务、共享经济等，为市场经济的发展提供了新的动力。

进一步地，智能经济的发展为现代市场经济带来了一些挑战和问题。例如，随着智能化技术的应用，一些传统产业可能会被淘汰或转型，这可能会带来一些结构性失业问题。又如，市场具有自发性和盲目性，容易背离宏观目标，市场调节的领域也受限，市场竞争确实能提高资源配置效率，但也会引起资源集聚和垄断。这种集聚和垄断过去10年显著地表现在智能经济领域当中。根据联合国贸易和发展会议发布的《数字经济报告2021》，"2019年10月至2021年1月纽约证券交易所综合指数上升了17%，顶级平台的股价上涨了55%（脸谱网）和144%（苹果）"[1]，数字平台巨头"苹果、微软、亚马逊、谷歌、脸谱网、腾讯和阿里巴巴——正越来越多地投资于全球数据价值链的所有部分"[2]。2020年11月，我国国家市场监管总局发布了《关于平台经济领域的反垄断指南（征求意见稿）》（以下简称《反垄断指南》）。《反垄断指南》明确了数字平台公司适用于《反垄断法》的基本制度、规制原则和分析框架，详细说明了作为新型经济组织形式的数字平台公司滥用市场支配地位的判定标准以及六种数字平台公司滥用市场支配地位的行为。2021年4月，我国国家市场监督管理总局对阿里巴巴"二选一"案处以182亿元的罚款。因此，在推动市场经济和智能经济的发展过程中，需要重视这些问题，以更好地推动经济发展和社会进步。为了做到这一点就需要采取一定的政策措施，促进智能经济发展和市场经济进步之间的协调。此外，我们还可以通过推动教育和科技创新，提高

---

[1] United Nations Publications. Digital Economy Report 2019 [EB/OL]. UN–ilibrary, 2024-06-10.

[2] United Nations Publications. Digital Economy Report 2019 [EB/OL]. UN–ilibrary, 2024-06-10.

全社会的创新能力和竞争力,为智能经济的不断发展提供更加强有力的支撑。

三、发展智能经济的经济制度

经济制度作为一个国家或地区在一定时期内对资源进行分配和管理的制度。它是社会经济运行的基础,决定了一个国家或地区的经济发展水平和人民的生活水平。经济制度通常包括的生产资料所有制形式、分配方式、资源配置方式决定经济发展的形式。从理论上看,唯物史观认为生产力决定生产关系,生产关系对生产力的发展具有巨大的反作用。智能经济形态建立在社会化大生产和现代市场经济形式的基础之上。智能经济形态从属于一定的社会经济制度,要为巩固和发展这种制度服务。同时,智能经济形态也受到社会经济制度的制约和影响。比如,在智能经济形态的制度结构中,生产资料(如数据、基于数据而形成的知识)的所有制起着决定性的作用,它是整个生产关系的基础。掌握生产资料的人在人们之间发生经济关系时处于优势地位。掌握生产资料的人及其占有生产资料的方式决定着生产资料与劳动力相结合的形式。在生产资料占有不平等的情况下,占有数据、知识,甚至数字平台的人就可能凭借着所占有的生产资料来支配丧失生产资料的人的劳动。生产资料所有制决定了生产是为占有分配过程中人与人之间的经济关系的性质。如恩格斯在《反杜林论》中指出的,"生产以及随生产而来的产品交换是一切社会制度的基础"[①]。

相应地,从智能经济形态的智能产业化、产业智能化和智能产品的发展角度来看,随着数据、知识成为智能社会生产力的驱动因素,各种各样的共享引擎运行在不同的平台和操作系统上,不同类型的企业首次

---

① 中共中央马克思恩格斯列宁斯大林著作编译局. 马克思恩格斯文集:第 9 卷 [M].
北京:人民出版社,2009:283-284.

在人类历史上可以通过更大范围的共享资源而进行更好的协作。从数据不断与社会生产相结合来看，智能经济形态以"数据驱动、人机协同、跨界融合、共创分享"①为发展目标，应通过数据等新型生产要素的公有制形式来推进这一社会化的大生产过程。同时，从智能社会的生产方式来看，智能社会的生产方式以数据作为新型生产要素、人机协同和脑力劳动的工业化基础，与之相适合的智能经济形态的生产关系经济制度应保障数据在市场化配置中的平等、普惠、高效运行，保障劳动者在生产活动中的劳动正义，保障这一过程中要"将互补性的知识整合在一起并由此产生更为巨大的知识合力"②。智能经济形态的分配形式应在作为生产要素的数据、算法、平台和知识的公有制形式上按劳分配。唯有此才能避免人工智能产业或企业的拥有者聚集越来越多的社会财富，使社会收入分配变得越来越不平等的现象。

在这个意义上，在发展智能经济形态时，必须考虑到社会经济制度的因素，制定符合社会发展和人民利益的政策和措施。要充分发挥智能经济形态的优势和潜力，促进社会经济的可持续发展和社会的全面进步。同时，也要加强对智能经济形态的监管和管理，避免其带来负面影响和风险，确保其发展符合社会的整体利益和长远利益。

第三节 科技向善的理念、伦理原则和制度保障

上层建筑是对经济基础的观念和组织设施上的反映。上层建筑对于

---

① 习近平. 加强领导做好规划明确任务夯实基础 推动我国新一代人工智能健康发展[N]. 人民日报，2018-11-01（01）.
② 朱富强. 人工智能时代的价值创造与分配：不平等加剧的社会和经济基础[J]. 财经问题研究，2022（03）：21.

生产力、生产关系具有双重传导机制，上层建筑既是生产力、生产关系相互作用的反映，又能成为二者相互作用的反作用。上层建筑具有双重属性，一方面上层建筑适应于"归根到底"意义上存在的生产力发展需要时，就会通过变革经济基础来推动社会的发展。另一方面，上层建筑受到一定社会时期的生产关系，尤其是经济制度的影响，也会产生马克思和恩格斯在《德意志意识形态》中阐述的，具有"颠倒性""虚假性"的政治意识形态和异化于人的组织设施。按照马克思关于人的发展三阶段的理论设想，智能社会作为一个新的人类社会发展阶段，其发展方向应实现人的全面自由发展。为了实现这一目标，智能社会的上层建筑应与智能社会的生产力发展的需要和人类社会的发展需要相呼应，应坚持科技向善并运用一定的伦理原则和政治制度加以保障。

一、科技向善的理念

智能社会是建立在工业社会的基础上，以第四次工业革命为标志的，通过智能产业化和产业智能化、智能产品而产生的社会。如前所述，智能社会带来的变革体现为物理生产与数字生产相结合，这种结合在社会领域中的表现就是物理空间与数字空间的高度融合。这种高度融合的社会应如何解决已经出现的技术异化问题，实现人的全面自由发展。习近平新时代中国特色社会理论认为，要通过"塑造科技向善理念，完善全球科技治理，更好增进人类福祉"[①] 来完成。

首先，科技向善理念是指技术要为人的全面自由发展服务。唯物史观认为技术具有属人性。"技术的属人性是指，从主体的角度来看，技术应推动人的发展。"[②] 恩格斯在《自然辩证法》中指出，人是从猿进

---

① 习近平向 2021 中关村论坛视频致贺［N］. 人民日报，2021-09-25（01）.
② 高斯扬. 唯物史观视域下恩格斯的技术思想探析［J］. 经济纵横，2020（09）：51.

化而来的。人类进化的原因是使用工具，"劳动是从制造工具开始的"①。猿人通过制作和使用石头刀的劳动使自身能力得到了锻炼，发展成人。而人通过运用工具进行劳动，发展出语言，增强了思维和动手的能力，逐渐地抓住了事物的规律。恩格斯指出，技术应是推动人发展的动力，技术在使用中应以人的价值为基础。

但迄今为止，资本主义社会对技术的使用向我们展示了科技异化最深重的形式。马克思在《资本论》中指出，科技推动生产力发展的过程本应是创造巨大物质财富，实现劳动者自由解放的过程。但"却成为资本主义私有制条件下剩余价值的生产过程"②。恩格斯通过对英国工人生活状况以及对资本主义政治经济学的研究，看到了技术在资本的作用下的异化效应，指出在资本主义制度下科学技术是为资本家"利益最大化"而服务的。技术与资本的结合，满足了资本增殖的需要。在资本主义社会内部，机器化生产过程中，原本由人生产的机器却反过来控制了人，工人被资本家塑造成生产链条上的机器。恩格斯从原始"切割"和"异化"分工出发，指出"由于我们的文明，分工无止境地增多"③。技术使人具备了更强的生产能力，而在技术异化的作用下人却只能在生产线上从事着简单、重复的奴隶劳动，科学技术越发达，人越是成为别人或自身牟利行为的奴隶，成为机器的附庸。

资本主义制度下的科技异化向我们展示，科技向善理念不仅来自人类想要实现全面自由发展的良善心愿，更来自一定的社会制度。技术异

---

① 中共中央马克思恩格斯列宁斯大林著作编译局. 马克思恩格斯文集：第9卷 [M]. 北京：人民出版社，2009：555.

② 高斯扬，林晓艳. 恩格斯科学技术思想的三重维度：纪念恩格斯诞辰200周年 [J]. 重庆理工大学学报（社会科学版），2020，34（11）：140.

③ 中共中央马克思恩格斯列宁斯大林著作编译局. 马克思恩格斯选集：第1卷 [M]. 北京：人民出版社，2012：47.

化的历史向我们展示了"技术与'善'之间本没有天然联系"①。虽然唯物史观关于人的历史发展三阶段理论指出，每一个人的全面自由发展是人类社会发展的价值目标，社会向善是人类社会发展的基本方向和准则，但在具体阶段，科技向善理念要求我们从现实的、具体的社会历史出发，透过科技发展的时代表现，通过生产关系所决定的上层建筑的具体形式来找到推动人的全面自由发展的制度设计。

二、公平正义的伦理原则

人工智能技术的伦理原则是人工智能技术使用时需要遵循的价值准则和行为规范。这些准则和规范具有属人性。也就是说，为了推动智能社会更好地发展，技术在社会应用中不是价值中立的，而是必须考虑其要对人的基本权利，如生命权、财产权、公民权等具有积极影响。过去10年，人工智能技术发展高歌猛进，人工智能技术的社会应用不断突破人类社会基本的价值准则和行为规范，造成了如信息安全问题、个人隐私问题、数字鸿沟、人工智能对人类生存造成威胁等负面效应。规避人工智能技术应用对人的权利的负面影响，促进其正面作用，才是智能社会更好发展应该坚持的伦理原则。

2022年3月中共中央办公厅、国务院办公厅发布《关于加强科技伦理治理的意见》（以下简称《意见》）。《意见》明确指出，增进人类福祉、尊重生命权利、坚持公平公正、合理控制风险、保持公开透明是人工智能技术应用最基本的"科技伦理原则"②。其中，增进人类福祉、尊重生命权利涉及的是人工智能技术对人的发展权、生命权等基本

---

① 刘秀秀. 技术向善何以可能：机制、路径与探索［J］. 福建论坛（人文社会科学版），2020（08）：91.
② 新华社. 中共中央办公厅 国务院办公厅印发《关于加强科技伦理治理的意见》［EB/OL］. 中国政府网，2022-03-20.

权利的促进作用；坚持公平公正、合理控制风险、保持公开透明涉及的是人工智能技术应用的社会规范。

从增进人类福祉、尊重生命权力的伦理规范来看，人工智能技术的发展和应用应以人为尺度。人工智能技术的发展不是为了取代人，而是为了帮助人，推动人的发展。这种发展不是建立在空泛的概念论证基础上，而是要建立在真实的、占据社会群体大多数的人类的福祉之上。这意味着，人类福祉应具有多层次含义。马克思主义强调的生存（食物和衣服）、发展（工作）、自我实现（全面自由）是其基本内涵。进一步地，人工智能技术的应用伦理既关注人类的福祉，也关注个体的权力。"现实的个人"是马克思进行历史唯物主义研究的起点。现实的个人是有生命的、活生生的个体。生命权就是现实个体的首要权利。

从坚持公平公正、合理控制风险、保持公开透明的人工智能技术的伦理规范来看，如前论证，智能社会的发展建立在人工智能技术对于社会生产力的推动之上。这种推动扩大了智能社会的社会化大生产的内容和范围，要求以数据为代表的新型生产要素要在全社会范围内流动，加强与社会生产的结合程度，实现更普惠、更高效的生产发展。然而驱动生产要素社会化流转的生产关系形式不同，占有生产资料的形式不同，对社会化大生产的作用不同。以生产资料公有制为基础的生产关系更加适应智能社会生产力具有的社会化性质，更加能够实现智能社会在物质生产方面的公平公正，更能控制人工智能技术资本化应用造成技术异化和社会风险。这意味着，一定的经济制度是保证人工智能技术应用伦理规范的基本前提。任何伦理规范都在一定的人类社会中存在。而任何人类社会都离不开一定的经济制度。就公开透明而言，人工智能技术具有"黑箱"性质。它在技术构成、决策设计、应用规范都具有较高的理解门槛。有些学者甚至将人工智能技术称为由少部分专家运用"父权制"①，进行决策的结果。破除人工智能技术在设计、决策和构成上的专家"小圈子"，实现人工智能技术发展的公开透明和可解释性，对于智能社会发展具有重要意义。

三、安全有力的制度保障

制度保障是各国政府、社会团体和企业组织围绕人工智能技术的社会化应用，进行的社会管理的组织形式和制度。这种制度既体现为法律层面的，也体现为社会规范层面的。

首先从法律层面来看，欧盟在2018年生效执行的《通用数据保护条例》（General Data Protection Regulations，GDPR）（以下简称GDPR）为限制人工智能技术对个人数据的过度开采和应用，清晰界定了个人数据的产权。GDPR规定个人用户作为数据主体拥有对数据的访问权、可携权、更正权、限制处理权、删除权、反对权和自动化个人决策的相关权利，严格保护个人用户的个人数据在事前、事中、事后使用的基本权利。GDPR从法律的角度规定了个人数据的权属问题，保障了数据主体的基本权利。2020年生效的《加州消费者隐私法案》（California Consumer Privacy Act，CCPA）也通过立法形式，保护加州地区自然人的个体能够识别、关联、描述以及能够与特定消费者，与特定家庭关联或合理关联的信息。

其次从社会规范来看，不论是人工智能开发企业（如微软）提出的"可靠、安全、隐私、保障"还是人工智能发展组织协会强调的"敏捷治理、快速反应"，抑或是政府层面制定的人工智能技术的社会使用规则。这些不同主体都从各自的角度出发对人工智能技术的应用、

---

① 上野千鹤子. 父权制与资本主义［M］. 邹韵，薛梅，译. 杭州：浙江大学出版社，2020：35.

智能社会的快速发展提出了积极的应对。但需强调的是，2022年中共中央办公厅、国务院办公厅印发的《关于加强科技伦理治理的意见》指出，科技伦理的治理体制主要包括政府管理、科技伦理（审查）委员会的审查监督、基础性立法和科技伦理理论研究四方面。其中科技伦理审查和科技理论研究涉及人工智能技术社会应用规范的培育问题。社会规范作为被社会群体广泛认可的行动标准，这种标准的社会不仅需要国家作为强力政权机构的引导，而且需要社会风尚的塑造。这些方面构成了科技伦理制度保障的基本维度，也成为"引进技术以及设计制度"① 和探讨智能社会发展必须考虑的问题。

唯物史观认为法律制度、社会制度作为上层建筑中的重要组成部分，从根本意义上来说，是受到经济制度的影响和制约的。受资本主义经济制度制约的资本主义国家，无论是进行个人数据的法权保护，还是制定一定的人工智能技术的使用规则，都是在上层建筑领域对于资本主义技术异化问题的调整，而非从经济制度层面对技术异化问题根源的解决。而作为社会主义国家的我国提出的科技向善、伦理治理，是建立在以公有制为主体，多种所有制经济共同发展的基础之上的观念和治理方式，它们不仅更有利于促进智能社会生产力的发展，而且更有利于克服科技异化的影响，保障人们与科技共同进步的美好生活。

---

① 日本日立东大实验室. 社会5.0：以人为中心的超级智能社会［M］. 沈丁心，译. 北京：机械工业出版社，2020：234.

第四章

智能社会发展的动力

根据唯物史观的观点，社会基本矛盾是推动社会发展的根本动力。在智能社会中，这一矛盾体现为智能社会的生产方式对生产要素的全社会配置和高效利用提出了更高的要求，同时要求以人民为中心的政治文化发展。具体来说，智能社会中的主要矛盾包括数据与数据的资本化应用之间的矛盾、数字劳动者与数字资本家之间的矛盾以及生产技术的智能化与劳动个体的去智能化之间的矛盾。解决这些矛盾将推动智能社会向更高阶段发展。

第一节 智能社会的基本矛盾

智能社会的社会基本矛盾表现为建立在智能社会生产方式上的社会化大生产与智能经济形态发展要求之间的矛盾。智能社会的社会化大生产要求生产要素在全社会内更加有序、高效地进行配置，而与之相适应的智能经济形态要求"数据驱动、人机协同、跨界融合、共创分享"[①]。智能经济形态的高效运行要求全社会占有数据等新型生产资料并进行调节。二者的矛盾运动，产生了政治、文化领域以人民为中心的发展要求。

---

① 习近平. 把稳方向突出实效全力攻坚 坚定不移推动落实重大改革举措[N]. 人民日报, 2019-03-20(01).

一、智能社会的社会化大生产扩大了生产的内容和范围

智能社会物质生产建立在机器大工业的机器体系、人机协同和人脑劳动的工业化基础之上。这种社会生产扩大了工业社会生产的形式、内容和范围。

首先，从最一般的形式来看，智能社会的物质生产过程体现为数字劳动形成数据，数据在人的脑力劳动操作之下形成知识。随后，知识通过与机器系统的深度融合，驱动物质生产流程。这一过程不断循环、不断产生新的数据进而形成更丰富的知识，进一步增强机器系统的生产能力。这种循环实现了从数字劳动—数据—知识—脑力劳动工业化的转化，扩大了工业社会社会化大生产的劳动组织形式和协作形式。与工业社会的社会生产不同，数字平台作为数字劳动和数据生产的主要场所，数字平台把数字劳动、智能技术，以信息工程师、软件工程师为代表的专业技术人员和现实世界中的物质生产更紧密地连接在了一起。

其次，从智能社会的社会化大生产的内容来看，人工智能技术本身就是一种由数据、专家的脑力劳动、知识构成的物化系统。这种系统以专家们的集体智慧，通过技术化的形式（如智能算法、深度学习、卷积计算等）将集体智慧工业化，具有了快速完成人类个体难以企及任务的能力。当企业组织引入这种人工智能技术时，专家系统就会运用大规模的数据、精湛的算法和强大的算力，创造出智能产业及新的商业模式。例如，自动驾驶车辆的制造能带动芯片制造、智能导航、数据分析等上下游相关产业的发展，也能促进与自动驾驶相关的产业和相关企业的产生。又如，智能手机能够与智能手表、智能音箱、智能台灯等设备通信，实现个体生活部分日常操作的自动化，由此出现了智能家居产业。人工智能技术在物质生产活动的智能产业化、产业智能化和智能产品的生产，不仅增加了社会分工的复杂程度，而且从数据分析、智能交

互的角度，首次在人类历史上具有了将社会分工统一到一个有边界的组织之中的可能。

最后，从范围上来看，智能社会的物质生产体现为数字生产和物理生产相结合的形式，扩大了社会化大生产的范围。智能社会的数字生产是指通过数字采集器，运用算法，依靠算力，对物理生产过程的映现。在这一过程中，以往社会生产中的物质生产被数据同构到数字生产环节中，这种生产不仅从形式上是数字世界与现实世界的统一，而且是数字世界对现实世界的映现和延伸。2022年2月，我国启动了"东数西算"① 工程。这一工程的核心目标是建设10个国家数据中心集群。这些数据中心集群不仅可以从数字基建层面提升我国在智能生产方面的能力和水平，而且可以从全国一体化大数据中心体系角度，提升数据的集约化利用效率，推动数字生产对物理生产的促进作用。

二、智能经济形态要求社会占有数据等新型生产要素并调节

智能社会的社会化大生产扩大了以往工业社会物质生产的形式、内容和范围，决定了与这种新型的社会化大生产相关的智能经济形态的发展要适应这种要求。习近平总书记一再指出要构建"智能经济形态"②。作为新型的生产要素数据，推动智能社会物质生产的能力已经显现，它呼唤着智能经济从生产关系的角度，变革数据被传统产权划分和处理的方式，并进行全社会占有和调节。

首先，智能社会物质生产的社会化形式对数据的应用提出了更高的要求。在数字化时代，数据已经成为一种新的生产要素，其跨部门、跨

---

① 新华社."东数西算"：努力构建数字时代"经济新版图"[EB/OL].中国政府网，2021-09-25.
② 习近平.把稳方向突出实效全力攻坚 坚定不移推动落实重大改革举措[N].人民日报，2019-03-20（01）.

产业的应用已经成为必然趋势。数据产生于个体的行动，如在线购物、手机支付、健康监测等，这些数据被数字平台收集、存储和标准化利用，然后被工程师、软件开发者、市场研究人员等专业技术人员加工成知识。这些知识不仅具有高度的专业性和技术性，而且也具有广泛的社会化性质。数据的收集和应用依赖于数字平台的发展。数字平台通过收集和分析大量的数据，为人们提供了更加便捷、高效、个性化的服务。例如，电商平台通过分析用户的购物历史、浏览记录等数据，可以为用户推荐更加符合其需求的商品；社交平台通过分析用户的社交关系、兴趣爱好等数据，可以为用户推荐更加有趣的内容和服务。这些数字平台的发展，不仅提高了数据的应用价值，也推动了数据的跨部门、跨产业应用。数据的转化和应用需要专业技术人员的技术加工。数据转化为知识的过程需要经过一系列的技术处理和加工，如数据清洗、数据分析、机器学习等。这些技术加工过程需要专业技术人员具备高度的专业知识和技能，才能保证数据的准确性和可靠性。同时，这些技术加工过程也需要大量的计算资源和存储空间，以保证数据处理和应用的效率和安全性。无论是作为新型生产要素的数据还是依据数据而产生的知识都具有社会化性质。这种性质使它们能够突破时空界限，与生产生活的不同领域、不同经济部门和不同产业相结合，开辟社会生产发展的新领域。例如，在医疗领域，基于大数据的精准医疗和个性化治疗已经成为一种趋势；在金融领域，基于大数据的风险管理和投资决策已经成为一种常态；在教育领域，基于大数据的学习分析和个性化教育已经成为一种创新。这些应用不仅提高了生产效率和生活质量，也推动了社会的进步和发展。

其次，数据的社会化占有将加速数据从信息转为知识的过程。这会加速"将分散在全球各个角落的各类劳动者的创新欲望和知识，都调动起来了，融入社会化大生产中"①。这种转变会带来巨大的经济和社会效益，促进全球范围内的知识创新和发展。数据的社会化占有意味着数据的所有权和使用权被更广泛地分配给社会大众，而不是局限于少数专业人士或机构。这种开放式的数据访问和使用方式，将推动全球范围内的知识交流和共享，加速知识的更新和创新。同时，数据的社会化占有也将促进全球范围内的知识分工和协作，创造出一个广布全球的社会知识分工体系。这个社会知识分工体系将通过数据的社会化占有和知识共享，吸引更多的劳动者参与知识创新活动，发挥他们的创造力和专业知识，推动全球经济的发展和进步。同时，这个社会知识分工体系也将为全球范围内的社会发展做出贡献，推动人类社会的进步和发展。

最后，数据提高了生产社会化的程度，模糊了社会生产与再生产过程之间各个环节的界限。依据数据而形成的知识如果私人所有且用于逐利活动，势必产生巨大危害。智能社会中任何社会生产与再生产环节中的活动都可以成为数据，甚至包括人的"情感劳动、关系劳动和语言劳动"②。如人的情感活动（点赞）、关系活动（发朋友圈）和语言活动（编段子等用户产生内容的活动）都可以被智能采集器（如智能手机、智能APP）采集，被数字平台整合，被技术专家研究成为知识，被生产组织拿来进行对应的商品生产。而商品不仅包括针对个体的"定制化消费广告"（智能推送），也包括控制个体心智的算法类产品（如成瘾算法），更包括作用于个体的"专门服务"（如大数据杀熟③）。事实上，智能经济已建立起了一个"泛在的经济网络"④。这个网络以

---

① 谢富胜，吴越，王生升. 平台经济全球化的政治经济学分析［J］. 中国社会科学，2019（12）：77.
② 奈格里. 超越帝国［M］. 李琨，陆汉臻，译. 北京：北京大学出版社，2016：18.
③ 大数据杀熟，是指同样的商品或服务，老客户看到的价格反而比新客户看到的要贵出许多的现象。如美团外卖的消费券。
④ 席勒. 数字资本主义［M］. 杨立平，译. 南昌：江西人民出版社，2001：1.

数据为基本驱动力。而马克思指出，这种驱动力不能建立在生产资料私人所有的基础上，不能成为因对生产资料私人所有"来支配丧失生产资料的人的劳动"①的形式。

综合而言，智能社会的社会化大生产和与之相适应的智能经济形态发展之间的要求，构成了推动智能社会发展的社会基本矛盾。这一矛盾主要体现为智能社会的社会化大生产扩大了以往工业社会生产的内容、形式和范围，要求生产资料在更广阔的社会空间中进行流转和交换，而与之相适应的智能经济形态应该满足这种要求，实行社会占有数据等新型生产要素并调节的形式。但现实是，智能经济形态发展尚不完全，智能经济仍建立在其所在社会的经济制度基础之上。在现实智能社会中，社会化大生产与受不同经济制度作用的生产关系之间的矛盾，构成了推动智能社会发展的基本动力。这一矛盾的存在，制约着智能社会的进步，同时也为其发展提供了源源不断的动力。

三、智能技术在政治文化领域的应用要以人民为中心

智能社会的社会化大生产同与之相适应的智能经济形态，以及作用于这种经济形态的经济制度构成了智能社会在经济基础。上层建筑建立在经济基础之上，是经济基础的反映。从最根本的意义上来看，上层建筑来自生产力和生产关系的相互作用，上层建筑应适应生产力的发展要求。这体现在人类社会发展的历史中就是，当上层建筑适应生产力的发展要求时，上层建筑就会推动社会的发展；反之，会产生限制作用。

事实上，就当下智能社会的现实存在样态而言，智能社会的经济基础，由于各国具体经济制度的不同，既表现为以生产资料资本主义私人所有制为基础的资本主义国家，又表现为在经济制度层面以公有制为主

---

① 周新城. 中国特色社会主义经济制度论 [M]. 北京：中国经济出版社，2008：32.

体、多种所有制经济共同发展的社会主义国家。这种多样性表明，智能社会的经济基础在不同国家具有不同的特点和表现形式。由于经济基础不同，上层建筑的表现，尤其是观念、思想和文化方面也极为不同。如在美国、欧盟等发达资本主义国家，针对数字经济最突出的政治文化要求是确认个人数据的权利，保护个人数据的安全，限制科技公司对数据的无下限挖掘。而在中国这样的处于初级阶段的社会主义国家，由于智能经济的发展受到现代市场经济调节、国家调控，因此建立在以公有制为主体、多种所有制经济共同发展的经济制度之上。从2017年开始，我国陆续出台法律法规来保障个人的数据和信息的权属。如2017年的《中华人民共和国网络安全法》、2021年执行的《新民法典》、2021年9月开始执行的《中华人民共和国数据安全法》、2021年11月开始执行的《中华人民共和国个人信息保护法》。我国政治和文化领域对智能社会的发展要求是目标更为广大的每一个人的全面自由发展，而为了实现这一目标，需要"科技向善"理念和以人民为中心的发展。

但是不论建立在经济基础上的上层建筑表象如何，从其根本而言，上层建筑要适应生产力的要求和发展的规律，反映先进生产力的发展方向。今天，智能社会虽然建立在不同经济制度的经济基础之上，表现出了不同的制度和观念。但从唯物史观角度来看，智能社会建立在以数据作为生产资料，以人机协作为主要形式，将人的脑力劳动与工业化相结合的机器大工业生产方式之上。这种社会化的生产形式，无论在内容上，还是在范围和形式上，均产生了比对以往生产关系要求更高的，在全社会范围内有序调节生产资料的需要。这种需要无论是在智能社会发展初期强调的自由、开放、共享，还是在当下智能社会发展中强调的破除垄断的呼声中都显著地体现了出来。因此，基于公有制为基础的经济制度，以最广大人民群众的基本生存、发展等为基础的以人民为中心的发展思想，科技向善的文化观念和法律制度设计更符合智能社会先进生产力的发展方向。公有制为基础的经济制度，强调的是国家对生产资料的控制和分配，保障了人民的生存和发展权益，体现了以人民为中心的发展思想。这种制度下，国家能够更好地规划和发展经济，让人民分享经济发展的成果，实现共同富裕。科技向善的文化观念，是指在科技发展的过程中，注重科技的人文关怀和社会责任，让科技更好地服务于人民，促进社会进步。这种文化观念能够引导科技人员更加关注科技的应用和影响，避免科技滥用和负面影响。法律制度设计更符合智能社会先进生产力的发展方向，是指法律制度的制定和实施要符合智能社会的发展趋势和需求，保障人民的合法权益，促进社会公平正义。这种法律制度设计能够更好地适应智能社会的发展需求，推动社会进步和发展。

综上所述，基于公有制为基础的经济制度、以人民为中心的发展思想、科技向善的文化观念和符合智能社会先进生产力发展方向的法律制度设计，更符合智能社会先进生产力的发展方向。这些措施的实施将有助于实现更加公正、公平、和谐的社会发展。

第二节 智能社会的主要矛盾

社会主要矛盾"是生产力与生产关系、经济基础与上层建筑基本矛盾的阶段性表现"[1]，"是在社会诸多矛盾中居主导地位起主要支配作用的矛盾"[2]。社会主要矛盾反映了社会基本矛盾在一定时期内的要求，影响并制约着社会其他矛盾的运动和发展。唯物史观认为，社会基本矛

---

[1] 刘同舫.新时代社会主要矛盾背后的必然逻辑[J].华南师范大学学报（社会科学版），2017（06）：49.

[2] 逄锦聚.深刻认识和把握新时代我国社会主要矛盾[J].经济研究，2017（11）：20.

盾是贯穿人类社会发展的根本动力，推动人类社会从原始社会形态走向共产主义社会形态，而社会主要矛盾则是社会基本矛盾在"社会发展的各个历史时期通过不同的形式"①的显现形式。就智能社会而言，现阶段智能社会发展的主要矛盾是由智能生产方式主导的社会化大生产和智能经济形态之间的矛盾，在不同的社会形态下显现为数据与数据资本化应用的矛盾、数字劳动者与数字资本家之间的矛盾、生产技术的智能化与劳动个体的去智能化之间的矛盾。

一、数据与数据的资本化应用之间的矛盾

在智能社会的物质生产领域，数据是作为生产要素存在的。这一生产过程是原本作为劳动对象的零散的数据，在经过收集、分析等人的劳动过程之后形成了具有价值的商品。而数据的资本化应用是指，"随着数据要素市场和数据产品市场的发展和完善"②，数据被大量积累，出现"全球性、非暴力、技术引领以及以资本权力为主导的特点"③。这些被大量积累的数据参与社会化大生产的过程，并"逐渐占据控制地位"④。作为生产要素的数据和被资本化应用的数据，与生产关系的所有制形式密切相关。这种形式类似于资本的二重性。一方面，资本作为生产要素，推动了生产的发展，它是"客观存在的价值实体"⑤；另一方面，资本作为生产关系又"是一个促进生产、流通、分配、消费社

---

① 刘同舫. 新时代社会主要矛盾背后的必然逻辑[J]. 华南师范大学学报（社会科学版），2017（06）：49.
② 黄再胜. 数据的资本化与当代资本主义价值运动新特点[J]. 马克思主义研究，2020（06）：124.
③ 姜宇. 数字资本的原始积累及其批判[J]. 国外理论动态，2019（03）：18.
④ 闫境华，朱巧玲，石先梅. 资本一般性与数字资本特殊性的政治经济学分析[J]. 江汉论坛，2021（07）：40.
⑤ 杨志. 论资本的二重性兼论公有资本的本质[M]. 北京：中国人民大学出版社，2014：2.

会化的经济方式"①。

数据主要来源于个人的活动，是对个人活动的表征，个人信息越多、越详尽，越能描绘出个体乃至个体汇集而成的群体和社会本身的规律性和客观性。但个人信息通过互联网科技公司进行聚合性的清洗、建模、运算便成为"大数据"产品。这种产品不仅具有了增值性，而且成为生产资料。作为生产资料的数据信息处于经济结构的中心位置，极具使用价值。在数据的资本主义使用中，被各种智能设备（智能手机、智能手环、智能汽车、智能家居用品等）抓取到的，本该属于个人的数据，成为被高科技公司垄断的对象。这些高科技公司通过收集、分析、垄断这些数据得到高回报，同时也通过以上行动维持自身不断发展的动力。过去10年，平台公司为了不断产生新的数据，垄断了数据，限制了数据的自由流动，阻碍了其社会价值的实现，于是出现了个人数据的共享与数据的资本化应用之间的矛盾。这种矛盾正如麻省理工学院教授蒂姆·伯纳斯·李（Tim Berners-Lee）所指出的，"每个人都在互联网上产生了很多数据，但是这些数据都在像脸谱网这样的大公司手里，而且无法连接"②。

在此基础上，平台公司运用信息整合、数据的利用、重组和拓展进行数据盈利。它主要表现为平台公司利用智能系统收集数据，并"以商业和经济预测的形式出售"③。如爱彼迎网站向预订房间的客人收费

---

① 杨志. 论资本的二重性兼论公有资本的本质 [M]. 北京：中国人民大学出版社，2014：2.
② 张莉，中国电子信息产业发展研究院. 数据治理与数据安全 [M]. 北京：人民邮电出版社，2019：26.
③ 舍恩伯格，库克耶. 大数据时代 [M]. 周涛, 译. 杭州：浙江人民出版社，2013：134.

收集数据,并且把客人的数据进行汇总出售给有需求的公司。① 进一步地,高科技公司运用大数据、云计算和智能算法,对海量的碎片化数据进行同质化、结构化的分析并将分析的结果以建模的形式用于精准营销。精准营销能够引导人们的消费行为。它一方面"促进了产品的销售(如广告,或促成生活的消费化)"②,另一方面通过影响消费者的行动而加速了商品的流通过程。进而,通过微目标锁定个体,生成个体用户画像(Profile),评估个体行为。这种评估包括个体的习惯偏好、工作表现、债务风险、信用等方面。这催生了"一切皆可评分"③信用经济的模式,使"越来越多的公司会例行公务一样地基于评分来批准或拒绝利益给予"④。这也显示了数据应用进入了商品生产领域,开始影响物质生产。

与数据资本化应用高度相关的是作为生产要素的知识的资本化应用。基于大量数据而形成的知识是智能社会脑力劳动工业化的前提。在智能社会中,"知识就成为最重要、最为关键的生产要素"⑤。谁占有和支配了知识生产要素,谁就拥有支配他人劳动和拥有社会财富绝大部分份额的权力。唯物史观指出,知识作为社会意识来源于人民群众的社会生活实践。美国社会学家罗伯特·默顿(Robert Merton)也认为,"科

---

① "爱彼迎根据预订价格向客人收取6%至12%不等的费用。爱彼迎还向每位客人收取3%的信用卡手续费。爱彼迎在2016年的服务条款中的一项新的规定中表示,平台可以与第三方公司共享用户的个人信息。"参见 DIJCK J V, POELL T, WAAL M D. The Platform Society [M]. New York: Oxford Press, 2018: 168.
② 福克斯,莫斯可. 马克思归来:上 [M]. "传播驿站"工作坊,译. 上海:华东师范大学出版社,2017: 265.
③ 费蒂克,汤普森. 信誉经济:大数据时代的个人信息价值与商业变革 [M]. 北京:中信出版社,2016: 56-68.
④ 费蒂克,汤普森. 信誉经济:大数据时代的个人信息价值与商业变革 [M]. 北京:中信出版社,2016: 68.
⑤ 朱富强. 人工智能时代的价值创造与分配:不平等加剧的社会和经济基础 [J]. 财经问题研究,2022(03): 21.

学上的重大发现都是社会协作的产物,……其中作为提出者个人的份额是极其有限的"①。但是作为智能社会生产要素的集体智力成果,知识本应发挥更大的生产力创造作用,但在现实中这种知识却被少数人占有,出现了资本利用科学、占有科学的现象。对智能社会的发展而言,知识是社会生产的重要推动力。这种推动力应该为人类的发展服务,而不应被资本的增殖规律所俘获。

二、数字劳动者与数字资本家之间的矛盾

阶级是社会经济结构的产物。在智能社会的经济结构中,因为经济制度的不同,阶级在智能经济中的表现形式也不同。在资本主义社会形态的智能社会中,智能经济中的阶级体现为对于数据、平台、知识等新型生产资料的占有关系。占有了数据、数字平台,以及由这些数据所形成的能够用于社会生产的知识的所有权的人,就是数字资本家。与之相反的,就是数字劳动者。

数字劳动者,又称数字劳工(Digital Labor),是与智能社会现实发展同步产生的概念。这一概念最早出现在学术期刊上的时间是2010年。2010年,欧洲独立开放式期刊《朝夕:组织中的理论与政治》刊登了一期特刊,其题目为"数字劳工:工人、创造者、公民"。这期特刊不仅选取了西方自治马克思主义学派以生命政治为主要范式的,探讨智能时代的工人权利和抵抗运动的文章,也选取了以传统马克思主义政治经济学为范式的,强调变革智能时代的生产关系的系列文章。从这一时期开始,数字劳动者(数字劳工)成为学界,尤其是西方马克思主义、传播政治经济学和激进马克思主义探讨的话题。虽然目前学界对数字劳动者的定义不尽相同,如在数字劳动者探讨领域最负盛名的意大利自治

---

① 默顿. 社会研究与社会政策[M]. 林聚任,等译. 北京:生活·读书·新知三联书店,2001:10.

学派的安东尼奥·奈格里（Antonio Negri）认为，智能社会中，人工智能技术"通过它们对我们的身体和思想本身进行了再定义"①。这使"非物质劳动（如智力劳动、情感劳动、关系劳动和语言劳动）成为价值创造的中心元素"②。数字劳动者主要是因为进行非物质劳动而被数字资本家剥削的人。目前，学界普遍认同的数字劳动者概念是指在智能社会的社会生产中，不占有生产资料，但进行了生产劳动的劳动者。数字劳动者的特点是不稳定的免费劳工。

虽然国外学界对于数字劳动者的研究已有十余年，产生了如"Triple C"（3C：Communication，Capitalism，and Critique，又被国内学界翻译为"传播、资本主义和批判"）这样的理论刊物和学术平台。③ 但是国外学界对于数字劳动者的探讨范围主要集中在传播政治经济学和西方马克思主义领域。这两个领域的学者对数字劳动者生存状态的把握主要诉诸媒介、信息生产、生命政治哲学和生命生产理论，没有深入资本主义智能社会的社会结构和直接生产领域。

事实上，数字劳动者的出现与智能社会、智能经济的发展和作用于这种新型经济形式的制度紧密相关。数字劳动者和数字资本家是一对相互关联而又对立统一的概念。二者因为在社会生产中所占的地位不同，所处的结构不同，数字资本家占有智能社会的生产资料，数字劳动者不占有，因而产生了数字资本家支配数字劳动者的结果，进而产生了对立与冲突。数字劳动者的定义，应该是用自己的体力劳动和脑力劳动改造与智能化生产相关的生产资料，并用这种劳动换回生活资料的人。这种生活资料既包括传统的消费资料，也包括新型的消费资料，如某些

---

① 张一兵. 非物质劳动与创造性剩余价值：奈格里和哈特的《帝国》解读［J］. 国外理论动态，2017（07）：37.
② 奈格里. 超越帝国［M］. 李琨，陆汉臻，译. 北京：北京大学出版社，2016：04.
③ 参见 Triple C 官网.

APP、虚拟游戏的使用权等。

　　数字劳动者与数字资本家是辩证统一的。在直接生产领域，他们之间的矛盾主要体现在对生产资料的占有上。由于数字劳动者不占有数据、数字平台、算法这些新型生产资料的所有权，在直接生产过程中，他们成为被这些生产资料所支配的"零件"。但是在智能社会中，数字劳动者的动力性地位逐渐被"脑力劳动的工业化"所取代。例如，劳动者在打开执行生产任务设备的开关之后，这种设备就可以不需要劳动者的协助，而直接通过信息物理系统调取特种设备的性能，借助于工业物联网的各类传感器，将所有机器设备"连接"在一起。而收集了机器体系海量数据的节点处理系统和中央处理系统，不仅能够直接控制生产机器的情况，还能够对车间内部的生产数据进行加工分析。这都导致了以往进行直接生产的工人不需要进入现实的生产车间，智能无人工厂、黑灯车间就此产生。由于现代工业技术不断地使社会内部的分工发生变革，直接生产工人被人类脑力劳动的工业化产物——智能生产机器取代，成为智能生产力系统的发展趋势，并诱发了智能生产力系统对劳动力劳动技能的"升级"和"降级"。多数马克思主义学者认为，智能社会中存在着劳动者素质提高、工人技能升级的趋势。[①] 总体而言，智能生产力系统在直接生产过程中排除了劳动者。这就要求劳动者提升认知的素质，即推理能力和特定工作岗位的专门知识、管理智能设备的能力。这一趋势使原来进行物质资料生产的劳动者，其体力劳动要向脑力劳动转变。后者是一种高级复杂的劳动。这种趋势对劳动者技能的"升级"做出了要求。它既要求劳动者具有生产劳动技能，又要求劳动者具有配合智能设备生产的技能。然而，这种"升级"要求的同时还伴随着对劳动者劳动技能"降级"的趋势。因为除了小部分参与算法

---

① 孟捷. 劳动与资本在价值创造中的正和关系研究［J］. 经济研究，2011（04）：16.

升级、技术开发、设备管理的核心劳动者，大部分劳动者在面对智能生产机器时，如在劳动技能上不能超过脑力劳动工业化的产物——智能机器，在理论上就会被智能机器所取代，会出现对自身技能的"降级"。这些劳动者要么从事智能设备无法执行的工作，要么从事智能设备不愿执行，即机器换人成本太高的工作。即便是那些没有被智能生产机器取代的劳动者，他们以往关于流水线机床生产和维护的知识不再必要，而只能根据计算机、智能监控器、智能网络发送的命令进行简单操作，因此成为生产过程的"门外汉"。

而在现实生活的生产和再生产领域，即传播政治经济学学者和西方马克思主义学者主要进行探讨的领域，数字劳动者和数字资本家之间的矛盾主要体现为由于生产领域所占生产资料不同而在分配、交换和消费领域产生的地位和权力上的差异。这种差异体现为数字资本家凭借占有生产资料，如数据、因数据而产生的知识、平台、算法，而对数字劳动者的活动造成的支配性影响，如精准营销（APP 智能推送的广告）、情绪操控（平台算法能够根据人的点击数量、数目，感知人的情绪，进而推送相关内容）、议题设置（新闻类 APP 会根据人的浏览内容和时长，计算不同人的阅读偏好和习惯，进行精准推送）、行动反馈（智能技术能根据每个人对待打折、消费券的敏感程度，订制不同的消费方案，如去年已被我国明令禁止的"大数据杀熟"）。以上内容都是因为数字劳动者和数字资本家在直接生产领域中，因对生产资料的占有不同而产生的延伸，而不是反过来。即便传播政治经济学和西方马克思主义在再生产领域把握了资本主义智能社会个体生命政治[①]这一核心议题，

---

① 生命政治生产是法国哲学家米歇尔·福柯（Michel Foucault）使用的概念，原指"表现为身体的解剖—政治，并主要运用于个体"的权力技术。它在资本主义智能社会中是指"以数据收集和智能分析等算法治理为基础，能够对诸个体进行精准治理"的过程。参见高斯扬，程恩富. 监控资本主义视域下的技术权力探析 [J]. 内蒙古社会科学，2021, 41（04）: 55-62.

探讨了数字劳动者与数字资本家之间的矛盾冲突,甚至发出了"全世界数字劳动者联合起来"①的呼唤,但把握智能社会数字劳动者与数字资本家之间的矛盾,始终要诉诸物质生产领域的直接生产过程,这样才能找到数字劳动者与数字资本家之间冲突产生的根源所在。

三、生产技术的智能化与劳动者的去智能化之间的矛盾

基于不同的经济制度,尤其是以生产资料私人所有为基础的资本主义经济制度,智能社会发生了人工智能技术的技能化与劳动个体的去技能化之间的矛盾。人工智能技术作为一种人类集体智慧的结晶,它从总体上是促进人的进步和发展的,它本应通过对人的"赋智"而使人更聪颖,通过对人的"赋能"而使人更熟练地处理复杂问题。但在资本主义经济制度的作用下,只有少数垄断了数据和算法的人才能从实质上受惠于人工智能技术的"赋智"与"赋能"。越来越多的有经验的熟练工人因受到人工智能技术的"技能化"应用而被其取代,甚至被从生产环节中剔除。人工智能技术的资本主义使用给工人带来了比机器时代更巨大的负面影响。"去智能"和"去技能"的工人被完全从物质生产环节中抛出。工人不仅丧失了马克思时代的自由自觉的劳动权力,而且他们在智能社会时期丧失了全部的熟练技能和劳动能力。马克思曾指出,在大机器工业时代,的资本主义使"劳动生产了智慧,但是给工人生产了愚钝和痴呆"。②而人工智能技术的飞速发展和资本主义应用将使马克思的另一个判断成真,那就是"使物质力量成为有智慧的生命,而人的生命则化为愚钝的物质力量"③。

---

① 2020年3月,新冠疫情期间,Triple C 刊发数字专刊,号召数字劳动者联合起来。
② 中共中央马克思恩格斯列宁斯大林著作编译局.马克思恩格斯文集:第1卷[M]. 北京:人民出版社,2009:159.
③ 中共中央马克思恩格斯列宁斯大林著作编译局.马克思恩格斯文集:第2卷[M]. 北京:人民出版社,2009:618.

而这进一步激发了工人的熟练活动减轻与简单劳动负担加重之间的矛盾。在资本主义社会形态中,智能机器系统因提高了劳动生产率或替代人的部分劳动而缩短人的工作时间,本应极大地减轻人的劳动强度,减少劳动时间。但根据马克思在《资本论》当中对生产有机构成的论述,在商品生产中人工智能技术对人力的取代,将进一步使"死劳动"取代"活劳动",出现智能机器换人的结果。而且这种替换不是凭空发生的,其前提是"大量节约成本"①。除此之外就全社会商品价值形成而言,因为不同行业部门的资本有机构成的高低程度不同,资本就可以通过不断开辟低资本构成的新行业,对冲高资本有机构成部门中的活劳动减少对价值形成的影响,使以往收入过高的"金融服务行业的高管们正在加入电话接线员和工厂工人失业大军的行列中来"②。这意味着,人工智能技术在生产领域的应用,一方面会减少生产工人的劳动使之从劳动环节中挤出,一方面会开辟新的,在资本回报率上不值得被机器取代的项目,加重劳动者的劳动负担。近年来亚马逊公司一边大力推行智能物联网,一边开辟"土耳其机器人"③业务。

第三节 智能社会矛盾的现实表现

恩格斯晚年在探讨人类社会发展时曾指出,人类社会的发展在"归根到底"的意义上由经济力量推动,但是在具体情况下也体现为基于个体激情、意志、阶级意识等方面的相互作用。探讨智能社会的发

---

① 姚建华.传播政治经济学经典文献选读[M].北京:商务印书馆,2019:261.
② 姚建华.传播政治经济学经典文献选读[M].北京:商务印书馆,2019:261.
③ 亚马逊"土耳其机器人"是一种众包网络集市,能使计算机程序员调用人类智能来执行计算机不屑于执行的任务。

展，既要关注推动智能社会发展的根本动力，也要关注与经济不同力量的现实表现。

一、社会基本矛盾的加剧

智能社会的发展加剧了西方资本主义社会的社会基本矛盾。这种矛盾被进一步放大和表现出来。首先，智能社会的社会化大生产与智能经济生产资料资本主义私人所有之间的矛盾，通过生产资料有机构成的提高、资本一般利润率下降、大量生产性工人被智能机器取代、产业工人从直接生产活动中被挤出、零工数量增加的资本主义变化中表现出来。这些都加深了资本主义生产无限扩大的趋势与劳动者有支付能力的需求相对缩小的矛盾。2016年麦肯锡全球研究院发布《自由职业报告：选择、需求和零工经济》（Independent Work：Choice，Necessary and the Gig Economy），报告指出，"美国现有5400万~6800万零工，而英国、德国、瑞典、法国和西班牙在3000万~6200万，也就是说这6个国家的零工人数超过1.3亿"[1]。这种零工者以优步司机为代表。他们主要受雇于数字经济平台（如亚马逊、"优步"等）。这些零工者既没有稳定的雇佣关系，也没有固定的工作时间。他们随时处于一直工作、时刻待命状态，收入微薄。学者将这种零工趋势称为"工作的优步化（Uberization）"[2]。这种工作看起来灵活，能够让劳动者自由安排时间，但只是资本主义数字平台公司编织的谎言。以美国的优步司机为例，他们"每小时纯收入平均只有10美元，如果每周只工作40小时，收入就会处于贫困线之下"[3]。

---

[1] 钱舍涵，葛瑶. 零工经济3.0 [M]. 成都：西南财经大学出版社，2019：16.
[2] 王行坤，房小捷. 狗屁工作、劳动分工与后工作的可能 [J]. 广州大学学报（社会科学版），2019（06）：10.
[3] 王行坤，房小捷. 狗屁工作、劳动分工与后工作的可能 [J]. 广州大学学报（社会科学版），2019（06）：10.

其次，资本主义国家凭借占有作为生产资料的知识产权、数据所有权，攫取全球财富，尤其是美国近年在知识产权领域不断针对中国企业进行打压。2018年，美国国家科学理事会发布《2018年科学工程技术指标》显示，2016年美国是占比最大的知识产权出口国，其知识产权出口额占全球知识产权跨境许可收入总量的45%，"知识产权垄断正不断成为资本主义国际垄断的新形式"①。习近平总书记指出，"科技创新成果不应该被封锁起来，不应该成为只为少数人牟利的工具"②。资本主义国家垄断知识产权的新形式，加剧了资本主义社会的基本矛盾。

再次，无论是美国的人工智能发展计划还是日本的"超级智能社会"，都诞生、成长于资本主义社会形态的现实背景下，受到资本主义社会形态发展的制约。资本主义社会形态背景下的智能社会服务于它所在社会已有的社会生产和再生产，尤其是其社会关系的再生产过程。如资本主义社会形态中智能社会不会真正实现共建共享，事实上，近年来被学者反复提及的数字资本主义、平台资本主义、监控资本主义、赛博资本主义、认知资本主义等概念已经证明了成长于资本主义社会形态背景下的智能社会不会变革"资本主义社会关于社会化大生产和生产资料私人（私人、企业、国家）占有之间的基本矛盾"③，不会变革由这一矛盾决定的资本主义经济基础与上层建筑之间的矛盾。

最后，智能社会的发展受其所在社会形态的影响，只在特定的社会制度中才具有高端高质的发展条件。与资本主义国家相反，社会主义国家发展智能社会则有可能运用制度，尤其是基本经济制度，来调整被资

---

① 杨云霞.资本主义知识产权垄断的新表现及其实质［J］.马克思主义研究，2019（03）：57.
② 习近平.同舟共济创造美好未来：在亚太经合组织工商领导人峰会上的主旨演讲［N］，人民日报.2018-11-18（02）.
③ 程恩富，鲁保林，俞使超.论新帝国主义的五大特征和特性：以列宁的帝国主义理论为基础［J］.马克思主义研究，2019（05）：51.

本主义社会形态制约的生产关系，化解资本主义社会基本矛盾的畸形发展，通过协调生产力与生产关系之间的矛盾、经济基础与上层建筑之间的矛盾，使它们之间的相互作用适应于智能社会生产力的发展方向，真正做到"跨界融合、共创共享"①和以人民为中心。换句话说，社会主义国家的智能社会发展会推动社会基本矛盾的不断解决，如通过国家投资升级工业物联网，提高社会生产能力；通过政策调节，推动"智能+"产业升级；通过国家监管严控和国资控股，规范智能平台企业的野蛮发展；运用大数据监管手段，推进三次分配的"公正公开"；通过大数据、边缘计算、云计算、区块链等技术，探索智能城市、智能交通、智慧教育等社会精准治理模式和经验等。

处于社会主义初级阶段的我国，具有规模、数据、场景和人口优势，我国智能社会的发展必将极大地推动社会生产力的发展。同时，我国社会主义在生产资料方面的公有制基础和优势决定了我国政府会根据人工智能技术、知识的特点对其进行一种新型公有制的安排。这种安排，一方面可以在尊重人工智能技术发展规律和社会占有生产资料的基础上，建立合理的知识产权制度来尊重科技工作者的劳动，鼓励创新，让知识、技术资源不断涌流；另一方面要"从制度上禁止信息、知识的私有化和恶意垄断"②，利用数据、知识的非竞用性、可分享的特点，让这种新型的生产要素为全民所公有和共享，这样才能防止资本所有者和技术精英垄断、操控技术，从而攫取超额利润、拓展数字鸿沟并加速社会分化，才能化解智能社会的社会基本矛盾，实现人民对美好生活的向往。

---

① 国务院. 国务院关于印发新一代人工智能发展规划的通知（国发〔2017〕35号）[EB/OL]. 中国政府网，2017-07-20.
② 孙伟平. 智能社会：共产主义社会建设的基础和条件[J]. 马克思主义研究，2021(01)：48.

二、新的阶级斗争形式

在智能社会中，数字劳动者与数字资本家之间的阶级斗争表现得尤为明显。这场斗争不仅以传统的阶级形式展现，更在争夺数据所有权、知识产权等方面表现得淋漓尽致。数字劳动者，通常包括程序员、数据分析师、人工智能工程师等，他们通过自己的技能和知识，为公司的数字化转型提供支持。然而，这些劳动者也面临着来自数字资本家的压力和剥削。数字资本家，通常包括科技公司的创始人、投资者等，他们利用手中的资本和资源，试图从数据所有权和知识产权中获取更多的利益。

所谓争夺数据的所有权就是数字劳动者已经认识到了数据的来源和社会化性质，一方面数字劳动者们要求无偿占有数据的数字资本家删除能够体现人格特征的个人数据，另一方面他们要求限制社会化数据的使用领域和使用范围。2016年美国"剑桥分析公司"事件的爆发，即剑桥分析公司使用了脸谱网8700万用户的个人信息，通过建模分析、议题设置、认知反馈，为特朗普的竞选提升了策略，"帮助特朗普赢得了2016年总统选举"[①]。此事曝光后引起了美国网民对特朗普的强烈抵制。

而争夺数字化知识产权是指数字劳动者认识到知识是开放且公共的，是人类智慧的结晶，知识的使用不应受到互联网公司的版权限制，应在一定程度上免费且共享。这种争夺的主要成果就是维基百科向所有人开放，同时也要求知识创作者编辑百科词条，进行知识创作。而学术科研网站Sci-Hub以"去除知识的围墙（Remove the Barrier）"为口号，虽然屡被权威知识网站投诉，但仍不断改换地址，为学术生产者提供免费下载学术文献的资源。

事实上，以上新形式虽然展示了智能社会中数字劳动者与数字资本

---

① 王逸君. 英议会公布"证据"：剑桥分析公司或助力特朗普 [EB/OL]. 中国日报网，2018-04-18.

家的斗争，但是这些斗争都是集中在数据、知识等领域的所有权层面，没有深入资本主义社会结构的基础当中。资本主义的经济制度决定了数据、知识的所有权，决定了数字劳动者无法占有它们。只在权利领域进行斗争，对于解决资本主义社会制度的内在矛盾无益，只能是"头痛医头，脚痛医脚"的策略，而非战略。

三、意识形态冲突

意识形态冲突是指不同社会意识形态之间的矛盾和冲突。这种冲突通常是由社会制度、价值观念、信仰、文化传统等方面的差异引起的。意识形态冲突可以表现为激烈的政治斗争、思想斗争、文化冲突等，也可以表现为个人或群体之间的价值观分歧和矛盾。

在智能社会中，意识形态冲突仍然存在。这种冲突表现为数字劳动者的阶级意识和数字资本家的阶级意识之间的相互对立。数字技术和人工智能的发展使数字劳动者的阶级意识和数字资本家的阶级意识之间的差异愈发凸显。数字劳动者，包括程序员、数据分析师、人工智能工程师等，他们的阶级意识主要体现在对数字技术的掌握和对新经济的追求上。他们通过数字技术创造价值，追求高效、创新和便捷，注重社会公平和正义，对传统产业和旧的经济模式持有批判态度。而数字资本家，如科技公司的创始人、风险投资家等，他们的阶级意识则主要体现在对数字技术的商业化和对新的经济模式的探索上。他们通过投资、创业和科技创新来追求利润，注重企业的成长和市场的发展，对传统产业和旧的经济模式持保守态度。

这两种阶级意识的相互对立，在智能社会中表现为数字劳动者的公平正义和社会责任与数字资本家的利润导向和市场自由之间的矛盾。这种矛盾的存在不仅影响了数字产业的发展，也影响了整个社会的进步。这种影响体现在智能社会是人类发展史上第一个，人类运用人工智能技术将脑力劳动工业化的社会。这一社会改变了人类自身的认知内容和形式。在智能社会中,占有人工智能技术所有权的数字资本家可以利用智能算法、成瘾技术、定制广告,入侵数字劳动者的精神领域,减弱其理性能力和精神自主性。这种过程被西方马克思主义学者深刻感知,如意大利激进学派的学者奈格里所言,智能技术对于个体的生命治理、观念管控以及由此而产生的生命政治,是这一时代的革命主题。"今天,当生产基于普通治理的大规模劳动之上,基于设定好工序的大脑之上"①,阶级意识愈加难以产生。

而从现实方面来看,智能社会对于数字劳动者的管控更加柔性、温和、"人性化"了。"'数字穷人'这样的群体则由于经济、政治、技术等方面的原因而且由于生命体相对而言更加'弱智能化',必将大概率地输在竞争的过程中。"② 数字劳动者在智能社会中面对的不是"无法生存"的绝对贫困,而是被排斥在智能化的生产资料、数据、知识等之外的机会不平等。这种不平等不会给人切身的痛感,而是会被资本主义的智能算法、智能推送、智能化定制的消费主义文化所掩盖。

为了解决这种意识形态的冲突,需要改变现有的社会制度和社会结构,实现真正的智能化转型。这包括建立公平的数据所有权制度、开放的知识产权制度、平等的劳动者权益保障制度等,也需要培养数字劳动者的阶级意识,提高他们的理性能力和精神自主性,加强对数字资本家的监督和制约。这意味着,在智能社会中,只有通过改变现有的社会制度和结构,才能真正实现数字化转型,让数字化转型真正造福于人类。

---

① 奈格里. 超越帝国 [M]. 李琨,陆汉臻,译. 北京:北京大学出版社,2016:108.
② 孙伟平. 人工智能与人的"新异化" [J]. 中国社会科学,2020 (12):126.

第五章

智能社会的发展趋势

智能社会作为一种人类社会的发展阶段,运用唯物史观有效分析智能社会,有力把握智能社会的发展,不仅是时代的要求,而且是捍卫和发展马克思主义基本原理真理性的使命。智能社会作为一种新的社会历史阶段,深刻改变了人们的生产方式、生活方式和思想方式。面对智能社会带来的变革,一方面明确"我们依然处在马克思主义所指明的历史时代"①,另一方面要根据社会变化,科学把握智能社会发展的趋势。

第一节 智能社会与唯物史观的内在关联

智能社会作为人类社会发展的一个阶段,遵循唯物史观的内在规律。在智能社会中,虽然机器和人工智能在生产和服务领域的作用越来越重要,但人依然是社会发展的主体和决定性力量。人的素质、技能和价值观念直接影响着智能化技术的应用和发展方向。在唯物史观中,人是一切社会活动的中心,是推动社会发展的主要力量,人的思想、意志和创造力是社会进步的根本源泉。运用唯物史观的理论工具和分析框架,我们可以更好地认识和理解智能社会的特点和发展规律,把握智能社会的发展脉搏,推动智能社会的持续发展和进步。

---

① 习近平. 深刻认识马克思主义时代意义和现实意义 继续推进马克思主义中国化时代化大众化 [N]. 人民日报, 2017-09-30 (01).

一、智能社会的发生遵循唯物史观的基本原理

智能社会作为一个人类社会的新的发展阶段,其发生、发展和变革遵循唯物史观关于人类社会的生产力和生产关系相互作用的规律、社会基本矛盾运动、社会形态更替、人的发展三阶段等基本理论。

然而,目前学界对智能社会与唯物史观基本原理之间的关系有两种认识。一种认识依据马克思关于"手推磨产生的是封建主的社会,蒸汽磨产生的是工业资本家的社会"① 的论述,以生产工具作为判断社会形态的指标,认为生产工具变革必然会带来社会形态的变化,因此智能社会是一种新的社会经济形态,甚至也可能成为一种新的社会形态。

另一种理解认为,"技术社会形态"并不是马克思的"原生性"理论,而是一种后天的、人为添加的解释。这种解释不足以建立唯物史观与智能社会的实质性关联。其原因主要基于生产工具的变革不一定会带来社会整体的变化。以第二次和第三次工业革命为例:第二次工业革命实现了生产力的发展,但是这种生产力的发展并没有在本质上改变资本主义国家的生产关系。而第三次工业革命以信息技术革命为基础,通过逻辑编辑控制器,让生产力的自动化程度更高,但仍旧没有在本质上动摇资本主义国家的生产关系。由此可见,生产工具的变革没有使资本主义生产关系产生实质上的变化,更没有推动资本主义社会形态走向现实中的形态跃迁。因此,这些学者认为,智能社会不是一个规范的唯物史观学术用语,只能算作一个"俗语"。

以上两种认识各有优缺点,但实质上都是一种对智能社会不完备的研究。第一种认识的优点在于,它能够依据马克思恩格斯原著,从生产工具角度建立起生产工具推动社会形态发展的解释关系。这种关系纳入

---

① 中共中央马克思恩格斯列宁斯大林著作编译局. 马克思恩格斯文集:第1卷 [M]. 北京:人民出版社,2009:634.

了新的生产工具、科学技术对社会发展的影响，推动了马克思主义基本原理的发展。但这种认识的缺点是，它无法与经典的唯物史观社会形态经典理论有效融合，如它无法说明智能社会与社会基本矛盾的关系，无法说明发展智能社会对当下资本主义社会发展、我国的社会主义初级阶段发展的作用，甚至它无法说明智能社会的发展方向和限度，只能催生出一种精确性缺乏，甚至是容易滑向技术决定论的错误研究。

第二种认识的优点在于它维护了马克思主义唯物史观的精确性，深化了人们对智能社会概念合规性的探讨。但它过分执着于对马克思恩格斯思想体系的严格解释。这种解释内在蕴含着学者们想要呈现马克思思想原貌的心愿，因为这些学者总是试图通过澄清和文本探讨来还原马克思的唯物史观思想。但20世纪哲学三大流派之一的阐释学告诫我们，只要进入文本诠释领域思想就没有"原貌"和"仿貌"之分。一切思想只要经过解读，就都是主观和客观相互混杂的文本，是无法避免"效果历史"的文本。"我们所理解的东西使自身融入了系统的统一体，或由部分构成了圆环（Circles）"[1]。即便是遵循着严格逻辑过程的学术阐释，从根本上来说也是一种读者自身思想与文本思想相互关联的活动，不可能完全还原，这是学术阐释这一活动的基本规律决定的。

基于此，本书认为智能社会与唯物史观社会形态理论关系的理解应报以"中派"的态度。那就是，一方面要看到单独运用生产工具一个指标，无法建立智能社会与唯物史观的经典理论之间的实质性的关联。另一方面，要根据现实的发展，坚持唯物史观的整体研究框架，从生产力—生产方式—生产关系、社会基本矛盾等观点的基础上判断智能社会，而这并不意味着这一理论中的所有细节都必须一成不变。

智能社会是一种新的社会形态，与传统的工业社会和农业社会有很

---

[1] 帕尔默. 诠释学［M］. 潘德荣，译. 北京，商务印书馆，2012：115.

大的不同。在智能社会中，人工智能、大数据、物联网等技术的应用使社会生产方式、生活方式和思维方式都发生了深刻的变革。因此，我们需要运用唯物史观的科学理论，观察智能社会的发展。然而，对于智能社会与唯物史观社会形态理论关系的理解，不能简单线性归因。因为智能社会的形成和发展受到多种因素的影响，包括技术、经济、文化等多方面。因此，我们需要采取一种综合性的、多维度的研究方法，从多个角度来探讨智能社会的特征和发展规律。由于唯物史观是一种具有普遍指导意义的社会科学理论，它揭示了人类社会发展的基本规律和本质特征。在智能社会的研究中，我们可以借鉴唯物史观的观点和方法，如生产力—生产方式—生产关系、社会基本矛盾等理论，来分析和解释智能社会的现象和问题。

虽然智能社会的概念已经存在了 70 年，但真正有研究对象的时间是从 2010 年前后开始的。在这个时期，智能技术得到了迅速的发展和普及，从而推动了生产力的变革，产生了与之相适应的生产关系形式。这种生产关系形式的出现，又进一步引发了与之相协调的上层建筑要求，从而产生了智能社会这一新的社会形式。

智能社会的概念不是建立在智能技术变革的基础上，而是应建立在工业社会的基础上。这是因为智能社会的产生和发展，不是简单的技术进步所能解释的，而是需要从社会矛盾运动的角度来研究。智能社会的发展遵循唯物史观的社会矛盾运动原理，即生产力与生产关系、经济基础与上层建筑之间的矛盾运动。

在智能社会的发展过程中，我们可以看到唯物史观的研究框架得到了充分的体现。智能社会的产生和发展是生产力变革的结果，这种变革又与生产关系的形式相适应。智能社会的上层建筑要求也是与之相协调的，这种协调性体现在政治、文化、教育等方面。智能社会的发展也受到社会矛盾运动的制约，即生产力与生产关系、经济基础与上层建筑之间的矛盾运动。

综上所述，智能社会的产生和发展是建立在工业社会的基础上，遵循唯物史观的社会矛盾运动原理，并受到相应的上层建筑要求的制约。因此，对于智能社会的研究和应用，需要从生产力变革、生产关系形式、上层建筑要求等多方面进行深入探讨和研究。

二、智能社会的发展遵循社会基本矛盾的矛盾运动规律

智能社会建立在工业社会的基础上。这种基础体现为基于机器大工业的生产方式与基于现代市场经济形式的生产关系形式。二者相互作用产生了科技向善的理念、伦理规范和制度。这些理念、规范和制度不仅是对智能社会存在的观念反映，也是反作用于智能社会的社会存在的动力。智能社会的社会基本矛盾体现为智能社会的生产方式扩大了社会化大生产的形式、内容和范围，要求生产要素在全社会内更加有序、高效地配置，而与之相应的智能经济形态要求社会占有数据等新型生产资料并进行调节，智能技术在政治文化领域的应用要以人民为中心。

事实上，智能社会的发展是社会基本矛盾运动的结果。推动智能社会发展的不是"社会技术治理"[1]、智能革命，或数字劳动、数据等单一的智能社会独有的生产力形式，而是依靠生产力与生产关系之间的矛盾、经济基础和上层建筑之间的矛盾推动的社会整体变革。恩格斯在批判近代哲学时曾指出，"把各种自然物和自然过程孤立起来，撇开宏大的总联系去进行考察"[2]是找不到人类社会的发展规律的。

智能社会的发展规律存在于社会基本矛盾的矛盾运动当中。一方面从生产力的促进角度来看，智能社会的生产方式、生产过程及其组织方

---

[1] 刘永谋. 智能社会与技术治理［J］. 金融博览，2020（06）：25.
[2] 中共中央马克思恩格斯列宁斯大林著作编译局. 马克思恩格斯文集：第9卷［M］. 北京：人民出版社，2009：51.

法，都极大地提升了智能社会的物质生产能力，促进了智能社会的发展。但是这种发展也带来了不断扩大的物质生产范围和需要更加广泛的、复杂的协作才能完成的生产过程。智能社会物质生产范围的扩大意味着生产资料，如大数据、工业互联网、智能平台，将日益转化为社会化的生产资料，生产过程变成许多人共同进行，在更大范围内和更深程度上的社会化生产过程。这意味着，一件产品的完成要经过更多、更复杂的工序，如数据采集、分析、建模、反馈，成为更多"总体工人"或"结合劳动人员"的劳动成果。以上变革在客观上都要求劳动者共同使用的已经社会化的生产资料由整个社会共同占有。而科技向善、以人民为中心的发展思想作为超越资本主义社会技术异化和更好指导智能社会发展的理念和文化，不仅反映了推动智能社会生产力和生产关系矛盾运动的价值属性，而且反映了超越资本主义社会形态的共产主义社会形态的发展方向。

三、智能社会具有实现人的全面自由发展的潜力

智能社会作为人类社会发展的新阶段，具有实现人的全面发展的潜力。这种潜力体现在生产力、生产关系和上层建筑等方面。

就智能社会的生产力方面而言，智能产业化和产业智能化的发展，推动了社会产业结构的不断调整和升级。这意味着，一方面智能社会具有创造大量社会财富的能力，这种能力为人类社会更高水平的发展创造了基础性的条件。另一方面，一些对人来说有害且危险的工作，能够交由智能系统或智能机器人去做，同时一些机械、重复且规范化的工作，如诊疗、客服、计算等，也被专用人工智能技术不断取代。虽然这可能导致一定的技术性失业潮，但有学者指出"如果社会顶层设计合理的话，也可能产生巨大的正向效应"①。智能生产设备和智能系统能够代替人进行工作，这将有可能消灭马克思论述的"迫使个人奴隶般地服从分工的情形"②。

就生产关系方面而言，智能经济形态的发展如果能够适应于智能社会生产力的发展要求，真正做到社会占有社会数据等新型生产要素并调节国民经济，同时运用相应的经济制度加以保障，那么，也许高度发达的计划经济就拥有了成为现实的条件。无论是从理论上还是从经典作家的论述中，计划经济都应比靠"看不见的手"来调节的市场经济更合理、更进步。历史上，计划经济因没有对应的生产力基础和社会条件作为前提，无法实现高质、高效。但面对智能社会，一旦适应于智能社会生产力发展的智能经济形态，按照智能社会生产力的要求进行生产资料所有权的调整，同时通过对应的经济制度来加以保障，那么市场机制自身的缺陷可能会克服。智能经济形态可以在各个环节实现快速、准确地分析信息，按照生产、分配、交换、消费规律本身而制定的科学方法、经济模型将成为现实，政府可以据此制定合理的计划，并可以因此来按照各方面的情况快速、敏捷、机动性地调整。这样一来，智能社会的相关部门将通过对生产、流通、交换、消费等环节的全方位组织、对各种生产资源的调配，有针对性地进行生产。这种新型的计划经济形式既可以对市场需求做出灵敏反应，大幅提高劳动生产效率，又可以加强经济的宏观调控和结构调整，减少因市场的无序波动而导致的浪费现象。因此，这种经济形态将具有实现唯物史观人的自由而全面发展的理论性上的可能。

---

① 孙伟平. 智能社会：共产主义社会建设的基础和条件［J］. 马克思主义研究，2021（01）：52.
② 中共中央马克思恩格斯列宁斯大林著作编译局. 马克思恩格斯文集：第 1 卷［M］. 北京：人民出版社，2009：307.

就上层建筑方面而言，智能社会的发展，一方面以高度的发达生产力形式，提供了一个具有丰厚物质基础的社会，让人们可以第一次借由这个基础产生更先进的观念，如开放、共享、可持续等来推动人类社会的发展，实现人的全面自由。但是另一方面，社会存在不仅包括生产力，还包括作用于这种生产力形式的生产关系，生产力和生产关系的相互作用产生了经济基础，而经济基础受到生产关系所有制形式的制约，既会产生虚假的"支配人的意识形态的力量"[1]和异化于人的社会组织形态，阻碍人的全面自由发展，也会为超越这种虚假的意识形态和异化状态创造条件，毕竟"自我异化的扬弃同自我异化走的是一条道路"[2]。

第二节　智能社会需要更好的社会治理

智能社会作为人类社会发展的新阶段，智能社会的发展从现实性上和理论性上都为唯物史观增加了新的研究内容。这些内容不仅包括概念更新，如作为新型生产要素的数据、作为新的经济形式的智能经济形态，也包括一些基本理论在论述范围上的拓展。这些更新和拓展都推动了唯物史观的与时俱进。

一、尊重唯物史观规律

智能社会的发展证明：社会基本矛盾不仅存在，而且依旧在智能社会的发展中起重要作用。社会基本矛盾在智能社会中表现为建立在智能

---

[1] 中共中央马克思恩格斯列宁斯大林著作编译局. 马克思恩格斯全集：第25卷 [M]. 北京：人民出版社，2001：54.
[2] 中共中央马克思恩格斯列宁斯大林著作编译局. 马克思恩格斯全集：第42卷 [M]. 北京：人民出版社，2017：380.

社会生产方式上的社会化大生产与与之相适应的智能经济形式之间的矛盾。智能社会的社会化大生产要求新型生产资料在全社会内更加有序、高效地进行配置，而与之相适应的智能经济形式要求全社会占有这种生产资料并进行调节。二者之间的矛盾运动，产生了政治、文化领域以人民为中心的发展要求。但是在智能社会的现实发展中，数据与数据的资本化应用之间的矛盾、数字劳动者与数字资本家之间的矛盾、生产技术的智能化与劳动个体的去智能化之间的矛盾成为阻碍发展的主要矛盾。扬弃这些矛盾，需要现实的行动。社会基本矛盾理论不仅是把握智能社会这一新的人类社会发展阶段的重要理论，而且是判断智能社会发展和前进趋势的基本手段。智能社会的社会基本矛盾从现实角度拓展了唯物史观社会基本矛盾的内容，从社会历史的发展方面验证了社会基本矛盾的存在和有效性，推动了社会基本矛盾理论的发展。

直面智能社会基本矛盾，需要注意以下方面。其一，数据与数据的资本化应用之间的矛盾。在智能社会中，数据成为新的生产要素，但数据的资本化应用却往往导致数据的不公平分配和数字鸿沟的加深。这种矛盾使一部分人能够从数据中受益，而另一部分人则可能因此而遭受损失。其二，数字劳动者与数字资本家之间的矛盾。随着智能化技术的发展，许多传统的工作被自动化和智能化取代，这导致一部分人失去了工作，而另一部分人则成为数字资本家。这种矛盾使数字劳动者和数字资本家之间的收入差距不断扩大，同时也加剧了社会的不平等。其三，生产技术的智能化与劳动个体的去智能化之间的矛盾。智能化技术的发展使生产过程变得更加高效和自动化，但这往往导致许多传统的工作被取代，而新的工作则需要具备更高的技能和知识水平。这种矛盾使一部分人无法适应新的工作需求，从而被排除在智能化生产之外。

为了解决这些矛盾，首先，要加强数据治理。通过制定更加完善的数据治理政策，确保数据的公平分配和利用，避免数据的不公平分配和数字鸿沟的加深。其次,要推动教育公平。通过加强教育公平,提高数字劳动者的技能和知识水平,使他们能够适应新的工作需求,从而减少收入差距和不平等现象。最后,要促进智能化技术的普及和应用。通过推广智能化技术的应用,提高生产效率和产品质量,同时也为数字劳动者提供更多的就业机会。

质言之,智能社会的矛盾是复杂而多样的,需要我们采取综合性的措施来解决。只有通过直面这些矛盾并采取有效的措施来解决它们,我们才能实现智能社会的可持续发展和人的全面自由发展。

二、数据作为生产要素的协同治理

数据作为新型的生产要素,大规模推动人类社会生产力的发展,这是以往的人类社会从未出现过的状况。数据从何而来,如何作用于物质生产过程,数据如何与生产性劳动相结合,如何成为数据产品,这都是唯物史观的生产力概念必须回答的时代问题。事实上,在智能社会的发展中我们可以清晰看到,数据不仅来自非直接生产领域人类活动的数据化表现、来自人工智能技术和设备的自动采集和抓取,而且来自网络工程师、程序员、信息工程师在生产领域内的二次提取、加工、建模、测试和整合。数据通过清洗、集成,聚合而成大数据,大数据作为生产要素通过与人的脑力劳动和体力劳动结合,成为信息和知识,转化为精神生产力。

数据在劳动者,如网络工程师、程序员、信息工程师的作用下,与算法、迭代学习等人工智能技术相互作用,成为重要的生产要素。这种要素与工业社会的机器体系和机器大生产的生产方式相结合,推动了智能技术对人类脑力劳动的不断吸纳,推动了生产力的发展。数据在聚合为大数据,转化为信息—知识—精神生产力的链条中,拓展了以往工业社会生产力概念的范围,打开了其所涉及的领域,延伸了生产力概念所涵盖的内容，促进了唯物史观生产力概念的与时俱进。

同时，数据作为生产要素，拓宽了以往以物质生产劳动为基础的非物质劳动内涵。如在现实生活的生产与再生产领域的"情感劳动、关系劳动和语言劳动"[①]。这些非物质劳动通过产生数据，间接推动智能社会生产力的发展。意大利激进学派的奈格里和迈克尔·哈特（Michael Hardt）认为，在智能社会中，人工智能技术"通过它们对我们的身体和思想本身进行了再定义"[②]。这使非物质劳动成为价值创造的中心性元素。在这些劳动中，劳动者不仅生产了自己，而且其所产生的数据可被智能技术占有、聚合、转化为大数据产品，这种产品可被智能产业公司用来营利，这是非物质劳动的生产性逻辑。同时，随着智能社会生产力的发展，尤其是数据收集和处理基础的发展、成熟，在传统生产领域之外的消费领域、流通领域出现了没有任何传统法律意义上雇佣关系的非物质劳动。这些劳动被学者称为产消劳动、产用劳动、玩乐劳动、用户生产劳动。虽然关于这些新形式的劳动是否参与生产，学者们仍有很多争论，但这种争论本身说明了智能社会的生产过程已不再局限于生产车间内部，消费者的非物质劳动在生产过程中变得更加重要。相应地，作为"以智能感知的信息和数字化的知识为关键生产要素，以新一代智能技术为重要推动力"[③] 的新型经济形态，拓宽了唯物史观对经济形式的相关论述。智能经济形态从2017年被提出发展至今只有5年的时间。而这5年中，据中国信息通信研究院统计，2020年我国智能经济发展规模已达39.2万亿元，占GDP比重38.6%。

数据作为生产要素需要精准的社会治理方案。比如，面对数据生产

---

① 奈格里. 超越帝国 [M]. 李琨，陆汉臻，译. 北京：北京大学出版社，2016：4.
② 张一兵. 非物质劳动与创造性剩余价值：奈格里和哈特的《帝国》解读 [J]. 国外理论动态，2017（07）：1.
③ 许可，李湘华，朱青青，等. 智能经济时代生态大变局：赢战5G [M]. 北京：人民邮电出版社，2020：I.

要素的收集问题要进行数据治理。需要制定完善的政策，规范数据的收集、使用和分配，确保数据的公平分配和利用，避免数据的不公平分配和数字鸿沟的加深。同时，需要建立数据治理的法律法规，保障数据的权益和隐私。而面对智能经济的快速发展，既需要政府加强监管和规范，建立健全的监管体系，加强对智能经济的规范和管理，防止智能化技术被滥用和不正当使用，又需要加强对数字经济的税收和统计监测，促进数字经济的健康发展，需要加强与其他国家和地区的合作，共同推动智能化技术的发展和应用。同时，需要加强创新驱动，鼓励企业和科研机构加强技术创新和产业升级，推动智能经济的可持续发展。

总体而言，论理数据需要多方面的努力和合作，需要政府、企业、社会组织和个体的共同努力，形成协同治理的局面，推动智能经济的健康发展。

三、把握智能社会发展的合目的性与合规律性

全面自由发展是人类个体和社会前进的价值目标，也是马克思在论述人的发展三阶段时，通过科学严谨地分析人类社会发展规律，而对建立在此岸世界基础上的彼岸世界的向往和憧憬。这种憧憬在马克思主义基本原理中具有三重基本含义。第一，人的全面自由发展是一种社会发展的价值目标，它引领着我们前进。第二，它是一种"现实的运动"。实现人的全面自由发展需要切实的实践行动和过程，需要我们通过实践，理论联系实际，去变革现存社会中一切需要变革的，限制了人的全面自由发展的社会关系。第三，它需要切实的社会制度，尤其是经济制度和政治制度来进行保障。人的全面自由发展不是一种空想，而是一种与社会发展相结合的人的具体的存在状态。

智能社会只是具有实现人的全面自由发展的前提，没有实现人的全面自由发展的必然逻辑。制度保障尤其是经济制度以及与之相关的政治

制度是在智能社会中实现人的全面自由发展的基本前提。

首先,从智能社会的发展来看,智能社会生产力的发展推动社会大生产进入了一个新的时期,不仅数字劳动产生,数据成为生产要素,而且数字生产与物理生产相结合。这些都从生产力的方面推动了智能社会的发展。但正如马克思和恩格斯所揭示的,生产力的发展不意味着生产关系会必然随之而变,也不意味着人的全面自由发展会随着生产力的发展自动实现。

正如智能社会的社会化大生产要求新型生产资料在全社会内更加有序、高效地进行配置,而智能社会的生产和再生产的高效运行要求全社会占有这种生产资料并进行调节。但在现实社会条件下,智能社会的生产关系依旧按照现代市场经济来配置资源。在现代市场经济的作用下,生产资料的资本主义私人所有依旧存在。智能社会生产力和生产关系的矛盾运动,产生了政治、文化领域科技向善的发展要求。这些要求在现实发展中,由于受到已有生产关系所有制形式的制约,在资本主义社会中产生了数据与数据的资本化应用之间的矛盾、数字劳动者与数字资本家之间的矛盾、生产技术的智能化与劳动个体的去智能化之间的矛盾。这些矛盾不仅成为阻碍人全面自由发展的主要因素,而且发展出了更深重的科技异化形式。智能社会的发展向我们展示了,生产关系的发展要与生产力的发展要求相协调,居于上层建筑的观念和社会发展目标,不仅要受经济基础的制约,同时要能在推动生产力发展的要求基础上,反作用于经济基础,使之通过制度保障来实现这种要求。这才是实现人的全面自由发展的首要条件。

其次,从现实性上看,智能社会是人类社会发展的一个新阶段。智能社会的经济运行方式依附于其所在的社会形态。如在资本主义社会形态背景下产生的智能社会,虽然推动了社会生产力的发展,在"量变"层面上变革了资本主义的生产方式,但从发展现状来看,智能社会并未从本质上变革资本主义社会的生产关系性质,并未真正化解资本主义社会的基本矛盾。与之相反,资本主义智能社会通过发展智能技术、智能产业开辟了资本增殖的新领域,打开了资本剥削工人的新方式。根据马克思"两个绝不会"的判断,资本主义社会在没有穷尽其所能容纳的全部生产力发挥出来以前是决不会灭亡的。智能社会对资本主义社会生产力的推动仍在继续,身处资本主义智能社会下的数字生产者的异化状态更深重,变革这种状态,实现人的自由全面发展更需要通过现实的行动来变革资本主义制度。

最后,从发展趋势来看,智能社会实现人的全面自由发展,需要多个条件同时作用。这些条件中的核心要件是生产关系要适应生产力的发展方向。而保障与生产力发展相适应的生产关系的经济制度、政治制度、数字劳动者阶级意识的觉醒、科技向善的理念、伦理规则和社会制度等在促进人的全面自由发展方面具有重要作用。这些都是推动智能社会实现人的全面自由发展的基本条件。唯有这些条件通过合理有序的组织、共同发生作用,智能社会才具备了实现人的全面自由发展的可能。恩格斯指出,任何一个社会阶段的转变都是"合力"的结果,并不是单纯的单一因素作用,因此,智能社会不会"自发"地实现人的全面自由发展,这是唯物史观揭示的人类社会发展的辩证法。

第三节 科学把握智能社会发展趋势

唯物史观诞生时,马克思和恩格斯曾骄傲地宣称,"现在无论在哪一个领域,都不再是从头脑中想出联系,而是从事实中发现联系了"[①]。

---

① 中共中央马克思恩格斯列宁斯大林著作编译局. 马克思恩格斯文集:第1卷[M]. 北京:人民出版社,2009:312.

唯物史观为我们提供了发掘智能社会进程，了解智能社会的"钥匙"和方法。依靠这种方法，我们能科学把握智能社会的发展趋势。而这种科学把握建立在辨明智能社会的变革与限度，明确智能社会的发展和阻碍，从人的全面自由发展规划智能社会发展未来的基础上。

一、辨明智能社会的变革与限度

智能社会的概念和范畴，虽然从客观上看似产生了某些变革性的特点，但并没有从本质上变革唯物史观关于生产力、生产方式、生产关系、经济基础等的基本理论，并没有从本质上变革唯物史观的基本框架。把握智能社会，要科学辨明智能社会的变革与限度。马克思主义指出，对于事物的认识应建立在科学推理、理性审视的基础上。马克思主义认识论强调，真理是绝对性和相对性的统一。真理超越了限定性的条件就会变成谬误。对智能社会的发展，我们应秉持合理、审慎和科学的态度，明确其变革的基础、边界和限度，把握其方向。

目前有部分学者争论，智能社会在生产力、生产方式、生产关系等方面的变革是一种"质"的变革，智能社会的发展突破了唯物史观所论述的界限。但是经过上述研究，我们可以有理由地反驳这种观点。卡尔·波普尔（Karl Popper）指出，基于归纳论证而非先天分析逻辑产生的理论，如想避免传统哲学关于科学认识的科学性来自先天还是后天之争，必须依赖对否证的检验而非证实。对事实的理论认识"不存在归纳：我们的论证绝非从事实到理论，除非经由反驳或否证的方式"[①]。也就是说，否证（既被验证的反例）是科学理论自身的一种性质，是检验理论真实性的一种经验方法。这也就是说，部分学者强调智能社会的变化，恰恰证实了智能社会与唯物史观基本概念相契合的事实。就智

[①] 波普尔. 猜想与反驳：科学知识的增长 [M]. 傅季重，等译. 上海：上海译文出版社，1986：3.

能社会的生产力、生产方式、生产关系等新的表现来看，它们并不是对唯物史观基本概念的颠覆，而是原有内容在新社会形势下的延伸。这些变革证实了智能社会与唯物史观基本概念相契合的科学性，提示了我们研究要从"发现变革—确定变革范围—从唯物史观高度审视这变革—提出尝试解决—守正创新唯物史理论"的角度，更加关注和分析这些领域。

同时，把握智能社会的变革和限度意味着要以唯物史观为基础和结构出发来进行研究，在马克思的时代，他在分析资本主义这种人类社会新形态时一再强调自己运用的是将生产力、生产方式、生产关系、经济基础、社会基础组合在一起的"大写的辩证法"。路易·阿尔都塞（Louis Althusser）曾指出，成熟时期马克思的思想具有结构性和科学性，这些思想必须在马克思思想整体的辩证体系中才能得到解释和说明，切不可被人为地拆解为线性的、决定论的逻辑。历史上，第二国际学者片面强调唯物史观思想中的某些变革，人为拆解唯物史观整体结构造成的危害已有镜鉴。因此，我们应该依据唯物史观的基础理论，从整体性层面探讨智能社会的变革与限度。

二、明确智能社会的发展动力和阻碍

马克思指出，"人们创造历史并不是随心所欲的"[1]，人们的愿景和行动"最终是由各种经济所有制的物质条件决定"[2]。生产关系及其所有制形式能够反作用于生产力发展，既是推动智能社会发展的重要动力，也是阻碍智能社会发展的重要因素。

---

① 中共中央马克思恩格斯列宁斯大林著作编译局. 马克思恩格斯全集：第11卷［M］. 北京：人民出版社，1995：113.
② 中共中央马克思恩格斯列宁斯大林著作编译局. 马克思恩格斯全集：第11卷［M］. 北京：人民出版社，1995：113.

从现实性上看，智能社会是人类社会发展的一种新的新阶段，智能社会的发展无法脱离其所在社会的经济制度形式。如资本主义智能社会，虽然推动了资本主义社会生产力、生产方式、生产关系的量变，但从未从质变角度，变革资本主义社会化大生产和生产资料资本主义私人所有之间的矛盾。相反，在资本主义生产关系作用下，资本主义智能社会的主要矛盾表现出了新的形式，如数据与数据的资本化应用之间的矛盾、数字劳动者与数字资本家之间的矛盾、生产技术的智能化与劳动个体的去智能化之间的矛盾。资本主义智能社会通过发展智能技术、智能产业、智能经济、智能场景，开辟了资本增殖的新领域，找到了资本剥削工人的新方式。这些方式通过新矛盾，发动了数字劳动者与数字资本家围绕着数据的所有权和知识产权之间的斗争，印证了马克思关于人类社会发展动力的基本判断。

马克思曾指出，推动人类社会走向新的形态的斗争不能诉诸法权斗争（如数据所有权、知识产权）领域，而应诉诸经济领域中生产资料占有问题。社会基本矛盾的矛盾运动是人类社会发展的根本动力。抛开对适应于智能社会生产力发展的生产关系的探讨，抛开智能社会生产力发展需要的对于生产资料所有权的变革，是无法真正变革资本主义智能社会的内在缺陷的。

即便唯物史观显示，推动智能社会发展的动力有着不同的层次，如有客观规律层面的根本动力社会基本矛盾，阶段性层面的社会主要矛盾，还有主观层面的阶级意识觉醒、革命组织的建立，革命纲领和任务的谋划，强而有力的队伍建设。但是决定这些动力层次的根本是社会基本矛盾。面对智能社会的发展，要从唯物史观的社会基本矛盾出发分析智能社会的发展动力和阻碍，不能颠倒过来。

三、从人的全面自由发展角度科学规划智能社会的未来

唯物史观人的发展三阶段中人的全面自由发展是智能社会发展的科学指引。人的全面自由发展不仅可以破解智能社会发展的工具化理解，而且可以消除个体与共同体发展的对立，更可以为我们超越智能社会的物化逻辑提供指引。

首先，人的全面自由发展可破解智能社会发展的工具化理解。工具化理解是指将人工智能技术作为一种工具，利用异化理论，从工具异化角度理解人类社会而产生的解读。部分西方学者在理解智能社会发展的问题时，由于未能把握智能社会异化与资本主义生产资料所有制之间的实质性关联，往往产生了对智能社会发展的悲观预判。如贝尔纳·斯蒂格勒（Bernard Stiegler）在《技术与时间》《南京课程：在人类纪时代阅读马克思和恩格斯》等系列著作中指出，随着工业化和人工智能技术的发展，人类社会进入了"熵率的巨大而迅速的增长"[1]的时代。其中，人工智能技术不是中立的社会工具，而是人的生存方式。人工智能技术的异化带来了人工智能的工具理性、技术理性、生产理性、控制理性等对人的规定和塑造的极端方式，呈现出了"对人们的日常生活过程的渗透、规制，乃至完全统治人的日常生活的过程"[2]。这种过程是一种"恶性循环"。由于承载了这种循环，智能社会和人类自身注定走向灭亡。而美国马克思学者凯瑟琳·海勒（Katherine Hayles）在《我们何以成为后人类》一书中则将智能社会表述为一个"不断具体化的

---

[1] 斯蒂格勒. 南京课程：在人类纪时代阅读马克思和恩格斯［M］. 张福公，译. 南京：南京大学出版社，2019：14.

[2] 高斯扬. 唯物史观视域下恩格斯技术思想探析［J］. 经济纵横，2021（09）：50-56.

虚拟性"① 社会。这种社会的发展基于"序列化的控制论的历史"②。然而，智能社会的唯物史观考察向我们揭示了智能社会的产生和发展，是人类社会发展的客观历史现象。在智能社会的发展过程中是生产关系层面的私有制形式，尤其是生产资料的资本主义私人所有制关系，制约了智能社会社会化大生产的发展要求，制约了"智能经济形态"③ 的发展要求。从根本上来说，智能社会的发展既受生产力的推动，又受生产关系的制约；而建立受生产力决定的一定时期生产关系总和之上的上层建筑，既可以产生适合于社会生产力发展的社会意识，又受到经济制度的影响，可以产生颠倒或者虚假的意识形态和组织设施，阻碍生产力的发展需求。因此，现实的人类个体既受到智能社会现实发展形态的制约，又可以联合起来，通过斗争变革不适应于智能社会发展的生产资料的所有权形式，推动智能社会实现科技向善，向着人的全面自由方向发展。正是在这个意义上，智能社会的未来发展，不是社会异化论或是后人类变革论，而是在唯物史观层面上对人类社会发展的综合。

其次，人的全面自由发展为消除智能社会中个体的对立矛盾提供了工具。在马克思的时代，马克思就尖锐指出，资本主义社会是现实个体和共同体的内在对立发展到极致的一种社会制度，④ 这种制度生长于资本主义的社会现实之中。即便资本主义社会经历数次改革发展至今，新

---

① 海勒. 我们何以成为后人类：文学、信息科学和控制论中的虚拟身体 [M]. 刘宇清，译. 北京：北京大学出版社，2017：1.
② 海勒. 我们何以成为后人类：文学、信息科学和控制论中的虚拟身体 [M]. 刘宇清，译. 北京：北京大学出版社，2017：394.
③ 习近平. 加强领导做好规划明确任务夯实基础 推动我国新一代人工智能健康发展 [M]. 人民日报，2018-11-01（01）.
④ 马克思指出，资本主义社会是"每个人追求自己的私人利益，而且仅仅是自己的私人利益……每个人都互相妨碍别人利益的实现，这种一切人反对一切人的战争所造成的结果，不是普遍的肯定，而是普遍的否定"。参见中共中央马克思恩格斯列宁斯大林著作编译局. 马克思恩格斯全集：第30卷 [M]. 北京：人民出版社，1995：106.

自由主义仍坚持个体自我决定及其自主行为的权利，主张个体的绝对优先性而避免共同体的干涉。这反应在智能社会研究中就是，自由主义者探讨的学术重点是智能社会的个体权利、数据权属等问题。但唯物史观的贡献和价值就在于，唯物史观不仅突破了语词探讨，而且深入到这种探讨的背后，即政治经济学领域，通过挖掘个体的劳动方式、劳动组织以及以此为基础的生产、分配、交换和消费关系，开拓出了一条说明人类社会历史发展的现实路线。这种路线不仅立足于政治经济学研究和对资本主义社会的总体批判，而且找到了未来社会发展的立足点，即智能社会的发展要"建立在个人全面发展和他们共同的、社会的生产能力成为从属于他们的社会财富这一基础上的自由个性"[①] 基础上。

最后，人的全面自由发展为我们超越智能社会发展的物化逻辑提供了指引。马克思通过论述人类社会的物质生产规律，揭示了人的全面自由发展的真正实现需要扬弃现代资本主义大工业的物化逻辑，要通过变革资本主义的生产关系来实现每一个人的全面自由发展。这就开掘出了一个智能社会发展的新界面。唯有破除了现实个体之间通过物化逻辑而形成的"物的依赖关系"，才能看到人类社会发展"应该所是"的现实道路。这不仅体现在智能社会生产力的发展方面，而且体现在现实个体选择正确的社会制度进行有效的社会安排，这样才能真正沿着实现人的全面自由发展的道路，推动人类社会的进步。

[①] 中共中央马克思恩格斯列宁斯大林著作编译局. 马克思恩格斯文集：第8卷 [M]. 北京：人民出版社，2009：52.

结语

守正创新智能社会的相关研究

智能社会发展"仍在路上",这要求我们一方面要"守正",即综合运用马克思主义基本原理,尤其是唯物史观基本原理,结合前人的论辩角度,整体考察智能社会的生产力、生产方式、生产关系、社会基本矛盾等问题,准确判断智能社会历史定位的"基本面";另一方面则需要"创新",即结合学界已经揭示出的问题,运用科学的分析,给予一定的回答。

本书通过对智能社会唯物史观的基本考察,得出了以下五方面的基本结论。第一,21世纪以来,随着人工智能技术的大规模社会应用,人类社会迈入智能社会阶段。与农业社会、工业社会不同,智能社会是一个"先说后做"的概念。学界对智能社会的探讨早于智能社会的发展现实。唯物史观视域下智能社会的概念出现在2010年之后。它指的是在美国、日本、中国等国家发生的,因为人工智能技术大规模运用而产生的社会。这一社会建立在工业社会基础上,是以第四次工业革命为标志的,通过智能产业化和产业智能化而产生的社会。科学认识智能社会需要诉诸唯物史观,尤其是唯物史观的生产力—生产方式—生产关系原理、社会基本矛盾原理和人的发展三阶段理论。

第二,与工业社会相比,智能社会带来的变革是数字劳动产生的,数据成为生产要素,物理生产与数字生产相结合的生产形式出现。同时,数字平台成为新型经济组织,数据产品具有了使用价值和价值,智能经济得以产生。在智能经济的作用下,智能社会场景不断涌现、智能技术成为社会治理手段，智能技术改变了人类的认知。

第三，智能社会不是一个独立的社会形态，它只是一个社会发展阶段。智能社会建立在工业社会的基础上。智能社会的生产方式与工业社会机器大工业相比，是以数据作为生产要素，数据被加工为信息和知识，通过脑力劳动工业化的形式，与机器大工业结合而形成的。适应于这种生产方式的经济形式是智能经济形态。目前智能经济形态仍建立在现代市场经济的基础上。无论是作为生产要素的数据，还是依据数据而形成的信息或知识，都以市场作为资源配置的形式。这种形式，不仅需要政府的宏观调控，更需要与之相适应的经济制度。智能社会催生了科技向善的社会理念。这种理念要求智能社会要设定与之相匹配的伦理规范和制度保障。

第四，智能社会的发展动力来自社会基本矛盾。智能社会的社会基本矛盾表现为建立在智能社会生产方式上的社会化大生产与与之相适应的智能经济形态之间的矛盾。智能社会的社会化大生产要求新型生产资料在全社会内更加有序、高效地进行配置，而以"数据驱动、人机协同、跨界融合、共创分享"为内容的智能经济形态要求全社会占有这种生产资料并进行调节。二者之间的矛盾运动，产生了政治、文化领域以人民为中心的发展要求。但是智能社会的现实发展中，数据与数据的资本化应用之间的矛盾、数字劳动者与数字资本家之间的矛盾、生产技术的智能化与劳动个体的去智能化之间的矛盾成为阻碍发展的主要矛盾。扬弃这些矛盾，需要历史的合力。

第五，智能社会没有改变唯物史观的研究框架。辨明智能社会的变革与限度，明确智能社会的发展动力和阻碍，从人的全面自由发展角度科学规划智能社会的未来才是运用唯物史观把握智能社会的正途。

当今世界的发展处于"百年未有之大变局"，智能社会作为变局的要素之一，守正创新是智能社会的唯物史观研究的基本要求。这意味着，首先研究智能社会不能回避智能社会出现的新现象，如情感、语言等非物质劳动创造大量的数据；而大量数据的聚合成为了生产要素；数字平台成为新的经济组织形式等，要对这些现象进行"从具体到抽象再到具体"的科学分析。其次不能回避智能社会可能在某些局部上"违背"了唯物史观基本原理的现象，如智能社会概念的产生先于智能社会的发展实际，数字劳动的概念探讨主要集中在现实生活的生产和再生产领域。应坚持以唯物史观的基本原理为指导，通过对相关领域的具体分析，得出科学的结论。最后，要客观把握这些新现象背后的实质，做出科学、审慎的归因。马克思曾指出，真理是具体的，是量质关系的辩证统一。真理如果没有量上的说明，就没有存在的界限；没有质上的归类，就没有具体的内容。因此，智能社会的唯物史观研究要兼具真理在量和质的要求，守正创新唯物史观的发展。

参考文献

一、中文文献

(一) 著作类

[1] 中共中央马克思恩格斯列宁斯大林著作编译局. 马克思恩格斯文集：第1卷 [M]. 北京：人民出版社，2009.

[2] 中共中央马克思恩格斯列宁斯大林著作编译局. 马克思恩格斯文集：第2卷 [M]. 北京：人民出版社，2009.

[3] 中共中央马克思恩格斯列宁斯大林著作编译局. 马克思恩格斯文集：第3卷 [M]. 北京：人民出版社，2009.

[4] 中共中央马克思恩格斯列宁斯大林著作编译局. 马克思恩格斯文集：第4卷 [M]. 北京：人民出版社，2009.

[5] 中共中央马克思恩格斯列宁斯大林著作编译局. 马克思恩格斯文集：第5卷 [M]. 北京：人民出版社，2009.

[6] 中共中央马克思恩格斯列宁斯大林著作编译局. 马克思恩格斯文集：第6卷 [M]. 北京：人民出版社，2009.

[7] 中共中央马克思恩格斯列宁斯大林著作编译局. 马克思恩格斯文集：第7卷 [M]. 北京：人民出版社，2009.

[8] 中共中央马克思恩格斯列宁斯大林著作编译局.马克思恩格斯文集：第8卷[M].北京：人民出版社，2009.

[9] 中共中央马克思恩格斯列宁斯大林著作编译局.马克思恩格斯文集：第9卷[M].北京：人民出版社，2009.

[10] 中共中央马克思恩格斯列宁斯大林著作编译局.马克思恩格斯文集：第10卷[M].北京：人民出版社，2009.

[11] 中共中央马克思恩格斯列宁斯大林著作编译局.马克思恩格斯全集：第3卷[M].北京：人民出版社，2002.

[12] 中共中央马克思恩格斯列宁斯大林著作编译局.马克思恩格斯全集：第20卷[M].北京：人民出版社，1971.

[13] 中共中央马克思恩格斯列宁斯大林著作编译局.马克思恩格斯全集：第25卷[M].北京：人民出版社，1974.

[14] 中共中央马克思恩格斯列宁斯大林著作编译局.马克思恩格斯全集：第31卷[M].北京：人民出版社，1998.

[15] 中共中央马克思恩格斯列宁斯大林著作编译局.马克思恩格斯全集：第43卷[M].北京：人民出版社，2016.

[16] 中共中央马克思恩格斯列宁斯大林著作编译局.马克思恩格斯全集：第44卷[M].北京：人民出版社，2001.

[17] 中共中央马克思恩格斯列宁斯大林著作编译局.马克思恩格斯全集：第47卷[M].北京：人民出版社，1979.

[18] 中共中央马克思恩格斯列宁斯大林著作编译局.列宁选集：第8卷[M].北京：人民出版社，1995.

[19] 邓小平.邓小平文选：第2卷[M].北京：人民出版社，1994.

[20] 阿尔都塞，巴里巴尔.读《资本论》[M].李其庆，冯文光，

译．北京：中央编译局出版社，2017.

[21] 奥康纳．国家的财政危机［M］．沈国华，译．上海：上海财经大学出版社，2017.

[22] 巴雷特．媒介帝国主义［M］．任孟山，译．北京：中国传媒大学出版社，2021.

[23] 波兰尼．大转型：我们时代的政治与经济起源［M］．冯钢，刘阳，译．北京：当代世界出版社，2020.

[24] 波斯曼．技术垄断：文化向技术投降［M］．何道宽，译．北京：中信出版社，2019.

[25] 博登．AI：人工智能的本质与未来［M］．孙诗惠，译．北京：中国人民大学出版社，2017.

[26] 博托莫尔．马克思主义思想辞典［M］．陈叔平，王谨，曾宪生，等译．郑州：河南人民出版社，1994.

[27] 陈先达．漫步遐思：哲学随想录［M］．北京：北京师范大学出版社，2008.

[28] 程恩富，等．马克思主义政治经济学基础理论研究［M］．北京：北京师范大学出版社，2017.

[29] 程恩富．改革的初心［M］．北京：中信出版社，2019.

[30] 程恩富，顾钰民．文化经济学［M］．天津：南开大学出版社，2007.

[31] 程恩富，胡乐明．当代国外马克思主义经济学基本理论研究［M］．北京：中国社会科学出版社，2019.

[32] 丹尼斯，德弗勒．数字时代的媒介：连接传播、社会和文化［M］．任孟山，译．北京：中国人民大学出版社，2019.

[33] 费蒂克，汤普森．信誉经济：大数据时代的个人信息价值与

商业变革[M].北京：中信出版社，2016.

[34] 冯颜利.金融危机以来国外马克思主义研究的新进展与启示[M].北京：中国社会科学出版社，2015.

[35] 弗雷.技术陷阱：从工业革命到 AI 时代，技术创新下的资本、劳动与权力[M].贺笑，译.北京：民主与建设出版社，2021.

[36] 福克斯，莫斯可.马克思归来：上[M]."传播驿站"工作坊，译.上海：华东师范大学出版社，2017.

[37] 高金波.智能社会[M].北京：中信出版社，2016.

[38] 葛兰西.狱中札记[M].曹雷雨，等译.郑州：河南大学出版社，2014.

[39] 顾海良，张雷声.20世纪国外马克思主义经济思想史[M].北京：经济科学出版社，2006.

[40] 国家创新力评估课题组.面向智能社会的国家创新力：智能化大趋势[M].北京：清华大学出版社，2017.

[41] 哈特，奈格里.帝国：全球化的政治秩序[M].杨建国，范一亭，译.南京：江苏人民出版社，2008.

[42] 海勒.我们何以成为后人类：文学、信息科学和控制论中的虚拟身体[M].刘宇清，译.北京：北京大学出版社，2017.

[43] 亨德勒，穆维西尔.社会机器：即将到来的人工智能、社会网络与人类的碰撞[M].王晓，等译.北京：机械工业出版社，2017.

[44] 科恩.卡尔·马克思的历史理论：一种辩护[M].段忠桥，译.北京：高等教育出版社，2008.

[45] 克里斯塔吉斯，富勒.大连接：社会网络是如何形成的以及对人类现实行为的影响[M].简学，译.北京：中国人民大学出版社，2003.

[46] 利科. 弗洛伊德与哲学：论解释［M］. 汪堂家，等译. 杭州：浙江大学出版社，2017.

[47] 刘刚，等. 智能经济发展的中国逻辑［M］. 北京：中国财政经济出版社，2021.

[48] 刘广迎. 重塑：智能社会的未来图景［M］. 北京：中国工人出版社，2019.

[49] 卢卡奇. 历史与阶级意识［M］. 杜章智，等译. 北京：商务印书馆，2009.

[50] 骆郁廷. 思想政治教育原理与方法［M］. 北京：北京师范大学出版社，2019.

[51] 马尔科夫. 与机器人共舞［M］. 郭雪，译. 杭州：浙江人民出版社，2015.

[52] 孟捷. 历史唯物论与马克思主义经济学［M］. 北京：社会科学文献出版社，2016.

[53] 孟捷. 马克思主义经济学的创造性转化［M］. 北京：经济科学出版社，2001.

[54] 孟宪坤. 马云：数据驱动未来［M］. 北京：当代中国出版社，2020.

[55] 米歇尔. 人工智能：思考人类的指南［M］. 成都：四川科学技术出版社，2021.

[56] 默顿. 社会研究与社会政策［M］. 林聚任，等译. 北京：生活·读书·新知三联书店，2001.

[57] 奈格里. 超越帝国［M］. 李琨，陆汉臻，译. 北京：北京大学出版社，2016.

[58] 诺布尔. 生产力：工业自动化的社会史［M］. 李风华，译.

北京：人民大学出版社，2007.

［59］帕尔默. 诠释学［M］. 潘德荣，译. 北京：商务印书馆，2012.

［60］逄锦聚，景维民，何自力，等. 中国特色社会主义政治经济学通论［M］. 北京：经济科学出版社，2018.

［61］彭俊松. 工业4.0驱动下的制造业数字化转型［M］. 北京：机械工业出版社，2016.

［62］皮凯蒂. 21世纪资本论［M］. 巴曙松，译. 北京：中信出版社，2014.

［63］钱舍涵，葛瑶. 零工经济3.0［M］. 成都：西南财经大学出版社，2019.

［64］日本日立东大实验室. 社会5.0：以人为中心的超级智能社会［M］. 沈丁心，译. 北京：机械工业出版社，2020.

［65］塞尔. 心、脑与科学［M］. 杨音莱，译. 上海：上海译文出版社，2006.

［66］塞格雷拉. 全球化与世界体系：上［M］. 白凤森，等译. 北京：社会科学文献出版社，2006.

［67］森德勒. 工业4.0：即将来袭的第四次工业革命［M］. 邓敏，译. 北京：机械工业出版社，2014.

［68］上野千鹤子. 父权制与资本主义［M］. 邹韵，薛梅，译. 杭州：浙江大学出版社，2020.

［69］舍恩伯格，库克耶. 大数据时代［M］. 杨立平，译. 杭州：浙江人民出版社，2013.

［70］沈向洋，施博德. 计算未来［M］. 北京：北京大学出版社，2018.

[71] 斯蒂格勒. 技术与时间：爱比米修斯的过失 [M]. 裴程, 译. 南京：译林出版社, 2019.

[72] 斯蒂格勒. 南京课程：在人类纪时代阅读马克思和恩格斯 [M]. 张福公, 译. 南京：南京大学出版社, 2019.

[73] 斯坦纳. 算法帝国 [M]. 李筱莹, 译. 北京：人民邮电出版社, 2014.

[74] 通用电气公司（GE）. 工业互联网：打破智慧与机器的边界 [M]. 北京：机械工业出版社, 2015.

[75] 王峰明. 历史唯物主义：一种微观主义透视 [M]. 北京：社会科学文献出版社, 2014.

[76] 王巍. 分支科学哲学导论 [M]. 北京：科学出版社, 2022.

[77] 威利斯. 学做工：工人阶级子弟为何继承父业 [M]. 秘舒, 凌旻华, 译. 南京：译林出版社, 2013.

[78] 维斯福特. 赛博无产阶级：数字旋风中的全球劳动 [M]. 燕连福, 赵莹, 译. 南京：江苏人民出版社, 2020.

[79] 维特根斯坦. 逻辑哲学论 [M]. 贺绍甲, 译. 北京：商务印书馆, 2012.

[80] 沃麦克, 琼斯, 鲁斯. 改变世界的机器：精益生产之道 [M]. 余锋, 张冬, 陶建刚, 等译. 北京：机械工业出版社, 2015.

[81] 吴易风. 马克思主义经济学和西方经济学 [M]. 北京：经济科学出版社, 2001.

[82] 吴勇, 柯尧, 何小平, 等. 移动区块链与物联网：智能社会产业应用与创新 [M]. 北京：电子工业出版社, 2020.

[83] 席勒. 数字资本主义 [M]. 杨立平, 译. 南昌：江西人民出版社, 2001.

[84] 许可, 李湘华, 朱青青, 等. 智能经济时代生态大变局: 赢战5G [M]. 北京: 人民邮电出版社, 2020.

[85] 杨志. 论资本的二重性兼论公有资本的本质 [M]. 北京: 中国人民大学出版社, 2014.

[86] 姚建华. 传播政治经济学经典文献选读 [M]. 北京: 商务印书馆, 2019.

[87] 袁岚峰. 量子信息简话 [M]. 合肥: 中国科学技术大学出版社, 2021.

[88] 张莉. 中国电子信息产业发展研究院. 数据治理与数据安全 [M]. 北京: 人民邮电出版社, 2019.

[89] 智能科技与产业研究课题组. 智能社会前瞻 [M]. 北京: 中国科学技术出版社, 2016.

[90] 中国电子学会. 先进计算与智能社会 [M]. 北京: 中国科学技术出版社, 2020.

[91] 《中国智能制造绿皮书》编委会. 中国智能制造绿皮书 (2017) [M]. 北京: 电子工业出版社, 2017.

[92] 周新城. 中国特色社会主义经济制度论 [M]. 北京: 中国经济出版社, 2008.

(二) 期刊论文

[1] 毕海滨. 智能社会的中国机遇和挑战 [J]. 审计观察, 2017 (02).

[2] 陈本浩. 大数据与监视型资本主义 [J]. 开放时代, 2020 (01).

[3] 陈凡, 徐旭. 后人类时代的技术情感及其伦理反思 [J]. 系统科学学报, 2020 (01).

[4] 陈睿哲. 智能社会与中国的机遇 [J]. 网络空间安全, 2021 (06).

[5] 陈振明. 政府治理变革的技术基础: 大数据与智能化时代的政府改革述评 [J]. 行政论坛, 2015 (11).

[6] 成素梅. 智能化社会的十大哲学挑战 [J]. 探索与争鸣, 2017 (10).

[7] 成素梅. 智能社会的变革与展望 [J]. 上海交通大学学报(哲学社会科学版), 2020 (08).

[8] 程恩富. 改革开放以来新马克思经济综合学派的十一大理论创新 [J].《资本论》研究, 2019 (01).

[9] 程恩富, 侯为民. 市场和政府的功能强弱性及其互补作用 [J]. 海派经济学, 2014 (04).

[10] 程恩富, 侯为民. 西方金融危机的根源在于资本主义基本矛盾的激化 [J]. 红旗文稿, 2018 (07).

[11] 程恩富, 鲁保林, 俞使超. 论新帝国主义的五大特征和特性: 以列宁的帝国主义理论为基础 [J]. 马克思主义研究, 2019 (05).

[12] 程恩富. 马克思主义及其中国化理论的巨大成就: 习近平新时代中国特色社会主义经济思想论述 [J]. 东南学术, 2018 (05).

[13] 程恩富. 社会主义发展三阶段新论 [J]. 江西社会科学, 1992 (03).

[14] 程恩富. 新时代将加速民富国强进程 [J]. 中央社会主义学院学报, 2018 (01).

[15] 程恩富、鄢杰. 评"国有经济退出竞争领域"论 [J]. 管理学刊, 2012 (06).

[16] 程恩富. 要坚持中国特色社会主义政治经济学的八个重大原

则［J］．经济纵横，2016（03）．

［17］段鹏．平台经济时代算法权力问题的治理路径探索［J］．东岳论丛，2020（05）．

［18］段伟文．构建稳健敏捷的人工智能伦理与治理框架［J］．科普研究，2020（03）．

［19］段伟文．人工智能与解析社会的来临［J］．科学与社会，2019（01）．

［20］富克斯．数字时代的资本主义、父权制、奴隶制与种族主义［J］．国外社会科学前沿，2020（09）．

［21］高峰．论"生产方式"［J］．政治经济学评论，2012（02）．

［22］高桂爱，刘刚，杜曙光．论高质量发展阶段的政治经济学基础：基于生产方式的二维视角［J］．经济纵横，2021（06）．

［23］郭冠清．回到马克思：对生产力—生产方式—生产关系原理再解读［J］．当代经济研究，2020（03）．

［24］何玉长，宗素娟．人工智能、智能经济与智能劳动价值：基于马克思劳动价值论的思考［J］．毛泽东与邓小平理论研究，2017（10）．

［25］胡莹．马克思有没有崩溃论意义上的经济危机理论？：基于马克思危机理论演进过程的分析［J］．当代经济研究，2017（03）．

［26］黄旭敏．未来研究的特点与未来社会的前景［J］．未来与发展，1997（02）．

［27］黄再胜．数据的资本化与当代资本主义价值运动新特点［J］．马克思主义研究，2020（06）．

［28］贾根良．第三次工业革命与工业智能化［J］．中国社会科学，2016（06）．

[29] 姜宇. 数字资本的原始积累及其批判 [J]. 国外理论动态, 2019 (03).

[30] 李酣, 张玲慧. 人工智能时代马克思主义经济发展理论研究新进展 [J]. 社会科学动态, 2021 (05).

[31] 李建华. 论人性与道德：一种道德学的分析 [J]. 道德与文明, 2020 (01).

[32] 梁梁. 生产方式在历史唯物主义中的"出场"及理论意义 [J]. 河南大学学报（社会科学版）, 2021 (03).

[33] 林德山. 关于当代资本主义新变化的思考 [J]. 国外理论动态, 2015 (06).

[34] 刘方喜. 人工智能"奇点"与社会变革大势的生产工艺学考察 [J]. 天津社会科学, 2020 (05).

[35] 刘秀秀. 技术向善何以可能：机制、路径与探索 [J]. 福建论坛（人文社会科学版）, 2020 (08).

[36] 刘永谋. 智能社会与技术治理 [J]. 金融博览, 2020 (06).

[37] 刘宇. 论马克思方法论唯物主义的演进方式：从发生论的描述到目的论的解释 [J]. 哲学动态, 2021 (03).

[38] 鲁品越. 《资本论》的生产力与生产关系概念的再发现 [J]. 上海财经大学学报, 2018 (08).

[39] 罗甜田, 王琴. 技术资本主义：当代资本主义的新形态 [J]. 福建论坛（人文社会科学版）, 2021 (07).

[40] 马锦生, 何自力. 论金融危机与资本主义基本矛盾的内在联系 [J]. 经济问题探索, 2013 (04).

[41] 孟捷. 劳动与资本在价值创造中的整合关系研究 [J]. 经济研究, 2011 (04).

[42] 潘树琼. 抗疫一线上演以"智"善治 [J]. 网络传播, 2020 (03).

[43] 戚聿东, 刘欢欢. 数字经济下数据的生产要素属性及其市场化配置机制研究 [J]. 经济纵横, 2020 (11).

[44] 曲佳宝. 数字资本主义视域下劳动力再生产的新变化及其矛盾 [J]. 当代经济研究, 2020 (12).

[45] 尚勇. 抓住时机、发挥优势, 引领智能社会发展 [J]. 科技导报, 2015 (21).

[46] 时家贤, 郭玉伟. 历史唯物主义的三重语境 [J]. 浙江社会科学, 2021 (08).

[47] 孙庆民. 论资本的出场、在场和退场 [J]. 马克思主义研究, 2013 (11).

[48] 孙伟平. 马克思主义唯物史观视域中的"智能社会" [J]. 哲学分析, 2020 (06).

[49] 孙伟平. 人工智能与人的"新异化" [J]. 中国社会科学, 2020 (12).

[50] 孙伟平. 智能社会: 共产主义社会建设的基础和条件 [J]. 马克思主义研究, 2021 (01).

[51] 唐庆鹏. 大数据时代监视资本主义及其政治经济学批判 [J]. 当代世界与社会主义, 2021 (05).

[52] 田鹏颖, 崔菁颖. 唯物史观视域下的中国现代化道路探索 [J]. 中国特色社会主义研究, 2021 (02).

[53] 王春法. 协同融合创新, 迎接智能社会 [J]. 科技导报, 2015 (21).

[54] 王峰明. 对生产力一元决定论的反思与新释 [J]. 马克思主

义研究，2012（10）．

[55] 王锐生．对"智能革命"的唯物史观评述［J］．哲学研究，1997（07）．

[56] 王亚玄．论新技术革命的实质：基于新熊彼特和马克思理论的综合［J］．政治经济学评论，2016，7（04）．

[57] 王彦雨．基于历史视角分析的强人工智能论争［J］．山东技术大学学报（社会科学版），2018（06）．

[58] 吴国林．后现象学及其进展：唐·伊德技术现象学述评［J］．哲学动态，2009（06）．

[59] 吴易风．论政治经济学或经济学的研究对象［J］．中国社会科学，1997（03）．

[60] 夏进．全球主要经济体人工智能发展战略观察［J］．大数据时代，2021（05）．

[61] 向国成，刘晶晶，罗曼怡．马克思恩格斯的分工与市场思想及其当代价值［J］．经济学动态，2021（09）．

[62] 谢富胜，吴越，王升生．平台经济全球化的政治经济学分析［J］．中国社会科学，2019（06）．

[63] "新一代人工智能引领下的智能制造研究"课题组．中国智能制造发展战略研究［J］．中国工程科学，2018（04）．

[64] 徐斌，巩永丹．马克思共同体理论的历史逻辑及其当代表现［J］．马克思主义与现实，2019（02）．

[65] 徐偲骕，张岩松．国有化还是用户所有：从"数据所有制"破解社交媒体治理之争［J］．新闻界，2019（06）．

[66] 许庆瑞，吴志岩，陈力田．智慧城市的愿景与架构［J］．管理工程学报，2012（04）．

[67] 薛亮. 日本第五期科学技术基本计划推动实现超智能社会"社会5.0"[J]. 华东科技, 2017（02）.

[68] 闫境华, 朱巧玲, 石先梅. 资本一般性与数字资本特殊性的政治经济学分析[J]. 江汉论坛, 2021（07）.

[69] 闫坤如. 人工智能机器具有道德主体地位吗？[J]. 自然辩证法研究, 2019（05）.

[70] 杨承训, 承谕. 资本配置向"自觉化"演进：三元机制体系：学习恩格斯《自然辩证法》的再思考[J]. 海派经济学, 2015（04）.

[71] 杨典, 欧阳璇宇. 金融资本主义的崛起及其影响：对资本主义新形态的社会学分析[J]. 中国社会科学, 2018（06）.

[72] 杨述明. 论智能经济与智能社会的理论逻辑[J]. 社会科学动态, 2021（05）.

[73] 杨述明. 人类社会演进的逻辑与趋势：智能社会与工业社会共进[J]. 理论月刊, 2020（09）.

[74] 杨述明, 智能经济形态的理性认知[J]. 理论与现代化, 2020（05）.

[75] 杨云霞. 资本主义知识产权垄断的新表现及其实质[J]. 马克思主义研究. 2019（03）.

[76] 于雪, 王前. "机器伦理"思想的价值与局限性[J]. 伦理学研究, 2016（04）.

[77] 余斌. "数字劳动"与"数字资本"的政治经济学分析[J]. 马克思主义研究, 2021（05）.

[78] 喻国明, 杨雅. 5G时代：未来传播中的"人—机"关系的模式重构[J]. 社会科学文摘, 2020（02）.

[79] 张建云. 大数据技术体系与当代生产力革命 [J]. 马克思主义研究, 2021 (04).

[80] 张建云. 马克思主义理论对大数据互联网新技术研究的引领观照及现状展望 [J]. 广西社会科学, 2021 (07).

[81] 张枭. "智能经济"还有多远：中国 AI 落地的动能瓶颈与创新发展战略探析 [J]. 宁夏社会科学, 2020 (06).

[82] 张一兵. 非物质劳动与创造性剩余价值：奈格里和哈特的《帝国》解读 [J]. 国外理论动态, 2017 (07).

[83] 张益, 冯毅萍, 荣冈. 面向智能制造的生产执行系统及其技术转型 [J]. 信息与控制, 2017, 46 (04).

[84] 周淼. 国外左翼学者关于资本主义世界体系的批判 [J]. 世界社会主义研究, 2019 (04).

[85] 朱富强. 人工智能时代的价值创造与分配：不平等加剧的社会和经济基础 [J]. 财经问题研究, 2022 (03).

[86] 朱天涛.《资本论》中"生产方式"概念再研究：基于物质性与社会性二分的视野 [J]. 学习与探索, 2021 (04).

(三) 学位论文

[1] 王晓丹. 生产关系论 [D]. 武汉：华中师范大学, 2018.

[2] 薛峰. 人工智能对马克思劳动理论的影响研究 [D]. 武汉：华中师范大学, 2020.

[3] 赵晓晖. 智能社会知识价值研究 [D]. 北京：中国社会科学院大学, 2020.

二、英文文献

(一) 著作类

[1] CREVIER D. AI: The Tumultuous History of the Search for Artifi-

cial Intelligence [M]. New York: Basic Books, 1993.

[2] ZUBOFF S. The Age of Surveillance Capitalism: The Fight for Human Future at New Frontier of Power [M]. New York: Public Affairs, 2019.

（二）期刊类

[1] AARONSON S A, LEBLOND P. Another Digital Divide: The Rise of Data Realms and its Implications for the WTO [J]. Journal of International Economic Law, 2018 (21).

[2] ANTONIO S R, LORENCI W A, JUNIOR L L A, et al. Some Applications of Artificial Intelligence on Biotechnology [J]. Journal of Biotechnology and Biodiversity, 2014 (05).

[3] CATH C. Governing Artificial Intelligence: Ethical, Legal and Technical Opportunities and Challenges [J]. Philosophical Transactions of the Royal Society, 2018 (18).

[4] YANG C S. The 4th Industrial Revolution and the Way of Legal Policy for Information Security [J]. Public Law Journal, 2017 (18).

[5] STRAUB J. Expert System Gradient Descent Style Training: Development of a Defensible Artificial Intelligence Technique [J]. Knowledge-Based Systems, 2021 (228).

[6] MACRIDAKIS R. The Coming Artificial Intelligence (AI) Revolution: Its Impact on Society and Companies [J]. Futures, 2017, 90.

[7] REDDY R. Robotics and Intelligent Systems in Support of Society [J]. IEEE Intelligent Systems, 2006, 21 (03).

[8] SINGH S, SHARMA P K, YOON B, et al. Convergence of Blockchain and Artificial Intelligence in IoT Network for the Sustainable Smart City

[J]. Sustainable Cities and Society, 2020 (63).

[9] SMADI T A, MAITAH M A. Artificial Intelligent Technology for Safe Driver Assistance System [J]. International Journal of Computer Aided Engineering and Technology, 2020 (13).

[10] TURING A M. Computing Machinery and Intelligence [J]. Mind, 1950 (59).

[11] YI M. A Study on the Influence of Digital Divide on Knowledge Gap in Intelligent Information Society [J]. Social Science Research Review, 2020 (36).